C.H.BECK ■ **WISSEN**

in der Beck'schen Reihe

Gibt es ein Leben nach dem Tod? Diese Frage hat die Menschheit von ihren Anfängen an begleitet. Im Christentum wie in seiner antiken Umwelt erhält diese Frage eine positive Antwort: Es gibt ein auf den Tod folgendes ewiges Leben. Doch wie sieht dieses Leben aus? Das vorliegende Buch geht antiken und frühchristlichen Zeugnissen von Hades und Himmel, Hölle und Elysium nach, um dann die Geschichte der Jenseitsvorstellungen über Spätantike und Mittelalter bis in das Denken der Gegenwart zu verfolgen. Auch jene Denker kommen zu Wort, die sich, von philosophischen Überlegungen oder moderner Naturwissenschaft beeindruckt, vom Jenseitsglauben abwenden. So entsteht ein kultur- und geistesgeschichtlicher Überblick über ein bis heute die Menschen bewegendes Thema.

Bernhard Lang lehrt als Professor für Altes Testament und Religionswissenschaft an der Universität Paderborn und an der University of St. Andrews, Schottland. Bei C.H.Beck erschienen bisher *Heiliges Spiel. Eine Geschichte des christlichen Gottesdienstes* (1998) und *Jahwe, der biblische Gott. Ein Porträt* (2002).

Bernhard Lang

HIMMEL UND HÖLLE

Jenseitsglaube von der Antike
bis heute

Verlag C. H. Beck

Mit 5 Abbildungen

Originalausgabe
© Verlag C. H. Beck oHG, München 2003
Satz: Fotosatz Reinhard Amann, Aichstetten
Druck und Bindung: Druckerei C. H. Beck, Nördlingen
Umschlagentwurf: Uwe Göbel, München
Printed in Germany
ISBN 3 406 48003 9

www.beck.de

Inhalt

Vorwort 7

I. Antiker Jenseitsglaube 9
1. Der antike Mensch und das Jenseits 9
   Hades 9 – Elysium und Apotheose 13 – Seele 16 – Auferstehung 20 – Tartaros 22
2. Das Neue Testament 25
   Die zwei Wege (Paulus) 26 – Der hebräische Weg (Buch der Offenbarung) 29 – Der griechische Weg (Lukasevangelium) 33 – Abschließende Überlegung über den Himmel 37 – Früher Höllenglaube 39

II. Jenseitsglaube im Zeitalter der Seele 43
1. Heiden und Christen über das Schicksal der Seele 43
   Die unsterbliche Seele 45 – Der Himmel als Ort des ewigen Lebens 46 – Die Toten als «Selige» 48 – Das Wiedersehen der Freunde 49 – Nähe zu Gott 51 – Höllenstrafe 54
2. Die Theologie der Hölle 56
   Augustinus gegen Origenes 56 – Die Nebenhöllen (Fegfeuer, Limbus) als Kompromiß 58
3. Gott im Mittelpunkt 61
   Der theozentrische Himmel der Scholastik 62 – Dante 65 – Die protestantische Überlieferung 68
4. Der menschliche Himmel 71
   Lorenzo Valla 72 – Emanuel Swedenborg 75

III. Neuzeitlicher Jenseitsglaube 83
1. Das Jenseits in neuzeitlicher Wissenschaft 83
   Moralisten und Psychologen nehmen Abschied von der Hölle 83 – Kant: Unsterblichkeit als praktisches Postulat 87 – Spinoza und die Materialisten: Der sterbliche Mensch 91 – Rückblick 100

2. Religiöser Abschied vom Jenseits 101
   Im Banne des Pantheismus (Quintinus, Schleiermacher) 101 –
   Die Endgültigkeit des Todes (Biedermann, Tolstoi, Sölle) 105
3. Zwischenspiel: Religiöser Abschied vom Wissen 107
   Berufung auf Kant 107 – Symbolische Rede vom Himmel (von Ritschl bis Bultmann) 109
4. Die Rettung des Himmels 113
   Theozentrische Endlichkeit (Barth, Rahner) 113 – Und die Hölle? 115
5. Epilog: Zwei Glaubensweisen 118

Abkürzungen der zitierten biblischen Bücher 122
Bildnachweis 122
Literatur in Auswahl 123
Personen- und Sachregister 126

Vorwort

Gibt es ein Leben nach dem Tod? Diese Frage hat die Menschheit von ihren Anfängen an begleitet. Im Christentum wie in seiner antiken Umwelt erhält diese Frage eine positive Antwort: Es gibt ein auf den Tod folgendes ewiges Leben. Doch wie sieht dieses Leben aus? Wie sollen wir uns den Himmel und dessen negatives Gegenstück: die Hölle, vorstellen? Das vorliegende Buch geht den antiken und frühchristlichen Schilderungen des Jenseits und des ewigen Lebens nach, um dann die Geschichte von Himmel und Hölle über Spätantike und Mittelalter bis in das Denken der Gegenwart zu verfolgen. Auch jene Denker kommen zu Wort, die sich, von philosophischen Überlegungen oder moderner Naturwissenschaft beeindruckt, vom Jenseitsglauben abwenden und diesen Schritt zu rechtfertigen suchen.

Inhaltlich bilden drei Kapitel über das sich wandelnde Welt- und Menschenbild (Anthropologie) das tragende Gerüst: Was über das Jenseits gedacht und geglaubt wird, hängt stets mit bestimmten Grundannahmen über das Wesen des Menschen zusammen (zum Beispiel mit der Annahme einer unsterblichen Seele, um nur die heute geläufigste Vorstellung zu nennen). Am Anfang steht das – in sich vielfältige – antike Bild vom menschlichen Schicksal im Jenseits, das den Hintergrund der frühchristlichen Vorstellung von Himmel und Hölle abgibt (Kapitel I.1). Dem Jenseitsglauben der sehr langen, von uns als «Zeitalter der Seele» bezeichneten Epoche liegt der Heiden und Christen gemeinsame Seelenglaube zugrunde (Kapitel II.1). Das von Philosophen und Wissenschaftlern entworfene neuzeitliche Bild von Mensch und Jenseits steht als Kapitel III.1 am Beginn des dritten und letzten Teils der Darstellung. Mit jedem Wandel des Menschenbildes geht ein Wandel der Vorstellung von Himmel und Hölle einher. Nur durch die sorgfältige Beachtung des jeweiligen anthropologischen Hintergrundes lassen sich die geschichtlichen Zeugnisse über den Jenseitsglauben verstehen.

Für verschiedene Hilfen danke ich Peter Thaddäus Lang, Franz Schupp, Gia Toussaint und Adelheid Rutenburges.

I. Antiker Jenseitsglaube

1. Der antike Mensch und das Jenseits

Die alten Völker des östlichen Mittelmeerraumes zeichnen sich durch eine reiche Glaubens- und Vorstellungswelt über das Leben nach dem Tode aus. Im 1. Jahrhundert – der Zeit Jesu und seiner ersten Schüler, Anhänger und alsbald erfolgreichen Missionare – kreuzen und vermischen sich jüdische, griechische und ägyptische Lehren, von denen uns volkstümliche wie philosophische Fassungen bekannt sind. Nicht eine einheitliche Lehre, sondern eine Vielfalt von Meinungen bestimmt das Denken. Die finsteren Jenseitsorte Hades und Tartaros und die angenehmen Stätten des Lichts – Elysium und Himmel – werden von der unsterblichen Seele erreicht. Manche Überlieferungen setzen eine den Menschen umgestaltende Vergöttlichung, eine Apotheose, voraus, während andere eine durch Auferstehung aus dem Hades geschehende Rückkehr ins Diesseits erhoffen. Anhand einer Reihe von Grundbegriffen – Hades, Elysium und Apotheose, Seele, Auferstehung und Tartaros – lassen sich die Spielarten des antiken Jenseitsglaubens verdeutlichen.

Hades. – Die Toten fahren in die tief im Erdinneren, in Höhlen gelegene finstere Unterwelt hinab: Das ist die unter den indoeuropäischen und semitischen Völkern am weitesten verbreitete Vorstellung. Schon die Bestattung in der Erde dient dazu, den Toten in die Nähe der Unterwelt zu bringen, und es scheint, als werde das Grab als eine Art Vorraum des eigentlichen, tiefer im Erdinneren verborgen liegenden Totenreiches aufgefaßt.

Die alten Griechen nennen ihr Totenreich den Hades, die Hebräer bezeichnen es als die Scheol, die alten Ägypter sprechen vom «Land im Westen», das heißt vom Land des Sonnenuntergangs und der Finsternis. Dorthin, so berichtet der griechische Mythos, werden die Toten von dem alten Fährmann Charon gebracht. Dem schreckenerregenden, von Schmutz starrenden Alten sieht der Religionshistoriker noch an, daß er einst ein grimmiger Dämon war; bei den Etruskern heißt er Charun und trägt einen schweren Hammer, mit dem er seine Opfer in die jenseitige Welt befördert. Bei den Griechen ist er ein harmloser Geselle. Er schifft die Toten über den Acheron, einen Fluß, der das Totenreich vom Reich der Lebenden trennt. Er tut keinem etwas zuleide. Nur muß ihn jeder Tote für die Überfahrt bezahlen, weshalb den Toten eine kleine Münze in den Mund gelegt wird. Gewiß fürchten sie sich mehr vor dem vielköpfigen und schlangenhaarigen Hund, dem Kerberos, der das Tor zur Unterwelt bewacht und deren schreckliche Seite verkörpert. «Kerberos, des Hades' Hund, der ehernstirnige Fresser; fünfzig Köpfe besitzt er und schamlos ist er und grausam» (Hesiod, *Theogonie* 311–312). Aber der Hund, so schrecklich er aussieht und so wild er die Zähne fletschen mag, tut den Toten nichts; er knurrt nur, wie sein Name lautmalend andeutet. Kerberos sorgt dafür, daß die Toten den Hades nicht verlassen und die Lebenden das Reich der Unterwelt nicht betreten.

In der Unterwelt schlummern die Toten als kraftlose Wesen und dämmern in Trauer dahin. Der Hades wird in allen alten Kulturen als unangenehmer Ort und der Aufenthalt dort in den schwärzesten Farben geschildert, doch erscheint er nie als Hölle, in der besondere, als Strafe verstandene Qualen zu erleiden sind. Einige Zeugnisse machen das deutlich. So heißt es in einem altägyptischen Klagelied: «In schwieriger Lage sind die im Westen und schlimm ist ihr Zustand. Wie unbeweglich ist der, der zu ihnen gegangen ist. Nicht kann er von seinem Befinden erzählen. An seinem einsamen Platz ruht er, und die Ewigkeit ist bei ihm in Finsternis.» Das im ägyptischen Totenbuch aufgezeichnete Gespräch zwischen Osiris und Atum wirft weiteres Licht in das Dunkel des Totenreiches. Osiris ist der Totengott, Atum ein Sonnengott:

> [Osiris:] O Atum, was soll es bedeuten, daß ich zur Wüste des Totenreiches dahineilen soll? Sie hat kein Wasser, sie hat keine Luft, sie ist ganz tief, ganz finster, ganz unermeßlich!

1. Der antike Mensch und das Jenseits

[Atum:] Du lebst dort im Frieden des Herzens.
[Osiris:] Aber dort läßt sich ja keine Wollust [d. h. geschlechtliche Befriedigung] finden.
[Atum:] Ich habe Verklärtheit gegeben anstelle von Wasser, Luft und Wollust, und Frieden des Herzens anstelle von Brot und Bier. (*Ägyptisches Totenbuch*, Spruch 175)

Die Bibel enthält keine vergleichbare Schilderung des Totenreichs; nur ein einziger Beleg läßt die Ähnlichkeit der Auffassung erkennen. Er handelt von der Fahrt eines fremden, Israel unterdrückenden Königs in die Scheol:

Das Totenreich drunten gerät in Erregung,
wenn du hinabkommst.
Deinetwegen weckt es die Totengeister auf,
alle Fürsten der Erde,
alle Könige der Völker läßt es aufstehen von ihren Thronen.
Sie alle rufen dir zu:
Auch du bist nun kraftlos geworden wie wir,
jetzt bist du uns gleich.
Hinabgeschleudert zur Unterwelt ist deine Pracht
samt deinen klingenden Harfen.
Auf Würmer bist du gebettet,
Maden sind deine Decke. (Jes 14,9–11)

Eine besonders eindrucksvolle Beschreibung ist aus dem Zweistromland überliefert. Nach dem Mythos von Nergal und Ereschkigal gelangen die Toten in das

Haus der Finsternis, der Wohnstatt der [Unterwelts-]Göttin Erkalla,
das Haus, das, wer es betreten, nicht wieder verläßt,
auf den Weg, von dem es kein Zurück gibt,
in das Haus, worin, wer es betreten, des Lichts entbehrt,
wo Staub ihre Nahrung, Lehm ihre Speise ist,
wo sie, Vögeln gleich, ein Federkleid tragen,
wo sie kein Licht sehen, sondern in Finsternis sitzen,
gedrängt in den Ecken sind voller Jammer.
Alle Tage jammern sie wie [gurrende] Tauben.

In ein staubiges Loch eingesperrt, führen die Seelenvögel eine jammervolle Existenz. Bei allen Unterschieden solcher Schilderungen bietet sich stets dasselbe, trostlose Bild.

Was den Toten bleibt, ist ihre Identität. Wie wir gesehen haben, verlieren (nach dem Spottgedicht im Jesajabuch) Könige ihren Herrscherthron auch in der Unterwelt nicht, und Seher behalten ihre Gabe der Weissagung; letzteres geht aus einer biblischen Totenbefragung hervor. Die im Alten Testament überlieferte Episode handelt von einer militärisch schwierigen Lage des Königs Saul (1 Sam 28). Mit Hilfe der Hexe von Endor wendet er sich an den verstorbenen Propheten Samuel. Es erscheint, nur für die Hexe sichtbar, ein alter, in einen Mantel gehüllter Mann. (Die Toten tragen die Kleidung, in der sie begraben worden sind, auch im Hades; vgl. Lukian, *Die Lügenfreunde* 24.) Der Tote gibt die gewünschte Auskunft, sagt aber zuvor: «Warum hast du mich aufgestört und heraufsteigen lassen?» Samuel ist keineswegs begeistert von der Befragung und denkt nicht daran, die Sache als eine willkommene Abwechslung anzunehmen. Vielmehr fühlt er sich in seiner Grabesruhe gestört. Offenbar verfügt der Tote nur noch über geringe Kraft und bedarf daher der Ruhe. Ein ähnlicher Befund ergibt sich aus dem elften Gesang der Odyssee. Dort lockt Odysseus die Toten an, indem er frisches Schafsblut in eine Opfergrube gießt. Unter den herannahenden Totengeistern ist auch der verstorbene thebanische Seher Teiresias, den er befragt. Teiresias muß sich am Blute stärken, bevor er mit Odysseus spricht. Auch die verstorbene Mutter des Helden trinkt von dem Blut und spricht mit ihrem Sohn. Odysseus will seine Mutter umarmen – doch bei jedem Versuch entgleitet sie seinen Armen, als sei sie ein Schatten. Befragt, ob die Göttin der Unterwelt statt ihrer nur ein Schattenbild der Mutter heraufgesandt habe, antwortet die Frau:

Nein, es täuscht dich nicht Zeus' Tochter Persephoneia,
Sondern dasselbe Los trifft alle, welche da sterben.
Nicht mehr halten die Sehnen das Fleisch und die Knochen
   zusammen,
Sondern des lodernden Feuers mächtige Stärke vernichtet
Alles, sobald das Leben verläßt die weißen Gebeine,
Und die Seele entschwebt und fliegt umher wie ein Traumbild.
(Homer, *Odyssee* 11, 217–222, übersetzt von R. Hampe)

Das Feuer, das den Leib zerstört und nur noch eine Art Schattenbild, genannt Seele (*psyche*), zurückläßt, ist kein Höllenfeuer, sondern das Feuer der in homerischer Zeit üblichen Leichenverbrennung. Nach Meinung der Odyssee ist die schattenhafte Existenz im Totenreich der Normalfall; nur dem blinden Seher Teiresias sind, auf Veranlassung der Unterweltsgöttin, Verstand und reges Bewußtsein geblieben (*Odyssee* 10, 491–495).

Immerhin gibt es Lichtblicke. Die den Toten von den Lebenden dargebrachten Speisen und vor allem die ihnen zugedachte Wasser- oder Blutspende vermag ihren Durst zu löschen und so die Existenz im Reich der Finsternis wenigstens zeitweise erträglich zu machen. Auch weisen biblische Ausdrücke wie «zu den Vätern versammelt werden» und «in Abrahams Schoß ruhen» auf die Geborgenheit im Kreise der Ahnen hin. Dennoch bleibt die Vorstellung insgesamt eher negativ: Schon im Hades angelangt, klagt der homerische Held Achilleus, er wolle lieber auf der Oberwelt Ackerknecht eines Armen sein als König aller Toten in der Unterwelt (*Odyssee* 11, 489). Weder der griechische Hades noch die hebräische Scheol ist ein Aufenthaltsort, den sich Lebende wünschen.

Elysium und Apotheose. – Dem finsteren Hades steht in allen alten Kulturen ein lichtvoller, für privilegierte Tote bestimmter Ort gegenüber. Sein griechischer, wohl auf das Altägyptische zurückgehender Name ist Elysion (lateinisch Elysium). Auch von den «Inseln der Seligen» wird gesprochen, oder es heißt, ein Held sei unter die Götter aufgenommen worden. Später bürgert sich dafür die Bezeichnung Himmel ein. Dabei muß der Ort der Seligen keineswegs unbedingt in den oberen Bereichen des Weltgebäudes lokalisiert sein; auch andere Orte sind denkbar: irgendwo im Weltmeer verborgene Inseln, eine besondere Region innerhalb des Hades oder ein Ort, wo sich jenseits des Weltmeeres das Firmament des Himmels mit der Erde trifft. Wichtiger als die Lokalisierung des Elysiums ist die Frage nach den Bewohnern dieser Sonderwelt und nach den von ihnen erlebten Genüssen.

Als Gilgamesch, der Held des babylonischen Mythos, über das Weltmeer an den Rand der Erde gelangt, trifft er dort einen alten Mann namens Utnapischtim. Gilgamesch befragt ihn nach seinem Schicksal, und es stellt sich heraus, daß Utnapischtim kein gewöhnlicher Mensch ist. Nicht nur, daß er die Sintflut mit Hilfe eines großen Schiffes überstanden hat; vielmehr haben die Götter ihn unter ihresgleichen aufgenommen. Genauer gesagt: Als die Sintflut zu Ende war, kam der Gott Enlil zum Sintfluthelden und seiner Frau, segnete die beiden und sprach: «Früher war Utnapischtim Mensch, jetzt sollen Utnapischtim und sein Weib wie wir Götter werden!» (*Gilgamesch-Epos*, Tafel 11) Den beiden zu Göttern verwandelten Menschen wird eine Art Paradies als Wohnstätte zugewiesen. Dreierlei ist für den Vorgang kennzeichnend: Es handelt sich nicht um gewöhnliche, sondern um besondere Menschen, war doch Utnapischtim König der Stadt Schuruppak; Utnapischtim und seine Frau mußten nicht sterben; ihre Aufnahme unter die Götter ist mit einer ihnen Unsterblichkeit verleihenden Wesensverwandlung verbunden. Diese Wesensverwandlung läßt sich mit einem griechischen Wort als Apotheose bezeichnen.

Ein ähnliches Geschick wird auch von anderen Gestalten berichtet. In der Bibel heißt es von Henoch, dieser sei «seinen Weg mit Gott» gegangen, «dann war er nicht mehr da, denn Gott hatte ihn aufgenommen» (Gen 5,24). Offenbar spielt hier der biblische Erzähler auf eine Geschichte an, die den frühen Lesern noch bekannt gewesen sein muß, uns jedoch entgeht. Vielleicht war Henoch ein Priester, der um seiner Verdienste willen zu Gott in den Himmel aufgenommen wurde, ohne sterben zu müssen. Oder haben wir es bei Henoch mit dem Sintfluthelden zu tun, den in späterer Überlieferung Noach verdrängt hat? Noch ein weiteres Mal wird von einem vergleichbaren Menschenschicksal in der Bibel berichtet: Der Gottesmann Elija stirbt nicht; vielmehr wird er entrückt. Während der Prophet mit einem Schüler wandelt und redet, erscheint ein flammenlodernder, pferdebespannter Wagen und trägt Elija im Wirbelsturm zum Himmel empor. Der Schüler bleibt allein zurück (2 Kön 2,11).

Auch die Inseln der Seligen, von denen die griechische Überlieferung weiß, sind Wohnstatt nicht gewöhnlicher Menschen, sondern der Heroen, das heißt der Halbgötter. Zeus trennte sie von den sterblichen Menschen und wies ihnen die Inseln der Seligen zu, wo sie unbeschwert leben dürfen. Getreide und Obst lassen sich dort dreimal im Jahr ernten, so daß kein Mangel herrscht.

> Dort fließt leicht und mühelos hin das Leben den Menschen.
> Dort ist nicht viel Winter, und nie fällt Schnee oder Regen,
> Sondern stets des Zephyros linde blasende Lüfte
> Läßt Okeanos wehen, die Menschen damit zu erfrischen.
> (Homer, *Odyssee* 4, 565–568)

Der spartanische König Menelaos, einer der homerischen Helden, erhält die Verheißung, in diese selige Welt zu gelangen. Sagen und Mythen berichten von solchen Gestalten, denen ein trauriger Hades erspart bleibt. Können auch gewöhnliche Tote, nicht nur privilegierte Menschen, in den Genuß der Unsterblichkeit in freundlicher Umgebung gelangen? Die in älteren Quellen gegebene Antwort lautet: nein. Doch in späterer Zeit setzt sich eine Demokratisierung durch, die immer weitere Kreise erreicht, so daß zumindest die Mitglieder der höheren Gesellschaftsschichten mit einer elysischen Zukunft rechnen können. Altägyptische Quellen lassen diese Entwicklung deutlich erkennen: Der in einem herrschaftlichen Grab Bestattete kann jeden Tag die dunkle Unterwelt verlassen und auf die Erde zurückkehren, wo er in seinem Totentempel die Opfergaben der Priester in Empfang nimmt, seine Nachkommen besucht und in Gärten lustwandelt. Das Elysium der ägyptischen Überlieferung entspricht einem festlich gestalteten Diesseits, in das der privilegierte Tote Tag für Tag zurückkehren darf!

In Israel ist Ähnliches zu beobachten. Auch hier rückt die Hoffnung auf Apotheose immer stärker ins Bewußtsein. Spuren dieses Vorgangs finden wir in den Psalmen. Jede der beiden perserzeitlichen, also im 5. und 4. Jahrhundert v. Chr. tätigen Sängergilden des Jerusalemer Tempels besaß einen Psalm, der eine Art Geheimnis dieser Sänger verrät: die von ihnen offenbar für den eigenen Kreis erwartete postmortale Aufnahme in den Himmel. Die von den Tempelsängern im Kult gepflegte Gottesgemeinschaft soll auch jenseits des Todes im Himmel fortbestehen. Im Psalm der Asafiten heißt es, Gott werde den Sänger zu sich nehmen (Ps 73,24), und das Lied der Korachiter verdeutlicht diesen Gedanken: Gott werde den Dichter aus dem Totenreich loskaufen und zu sich nehmen (Ps 49,16). Beide Lieder deuten das Wissen um eine besondere, nur wenigen verständliche Botschaft an. Stellt man diese Zeugnisse in den Zusammenhang einer Demokratisierung archaischer Vorstellungen von einer himmlischen oder elysischen Existenz, so ist ihre Botschaft deutlich: Nach dem Tode dürfen weit mehr Menschen, als es die alte Tradition will, die Verwandlung in ein anderes, nicht mehr dem Totenreich ausgeliefertes Wesen erwarten.

Die Gewißheit der Apotheose erwächst aus dem intensiven kultischen Kontakt mit dem Gott des Jerusalemer Tempels. Sie ist auch in jenen Kreisen lebendig, denen wir das Buch Daniel verdanken – Kreise, die sich in den Religionswirren des 2. Jahrhunderts v. Chr. entschieden für die Beibehaltung des herkömmlichen Jerusalemer Tempelkults einsetzten. Auch im Danielbuch wird eine Apotheose erwartet. Es soll zu einem Erwachen in der Scheol kommen, wobei einige mit Schmach bestraft, andere durch Aufstieg zum Himmel belohnt werden (Dan 12,2–4). Offenbar dachte der Verfasser an ein jenseitiges Totengericht, doch scheint er sich ganz bewußt auf eine Andeutung beschränkt zu haben. Wie in den genannten Psalmen gilt die Erwartung einer postmortalen Apotheose als Geheimlehre, und als solche ist sie im Danielbuch auch tatsächlich bezeichnet. «Du, Daniel, halte diese Worte geheim und versiegle das Buch!» (Dan 12,4) So sehen wir, wie eine später das gesamte Judentum (und auch das Christentum) erfassende Lehre ihre erste, noch nicht in Einzelheiten preisgegebene Gestalt erhält.

Seele. – Der uns heute so geläufige Begriff der Seele ist innerhalb der Menschheitsgeschichte ein junger Begriff, den wir erstmals bei griechischen Denkern des 6. Jahrhunderts v. Chr. finden. Einer der frühesten Belege ist satirischer Natur, wobei ein Philosoph einen anderen verspottet. Bei dem Spötter handelt es sich um den vorsokratischen Philosophen Xenophanes, der Verspottete ist sein Zeitgenosse Pythagoras (der als bedeutender Mathematiker in die Geschichte einging – jedes Kind lernt heute noch den «Satz des Pythagoras»). Xenophanes goß folgende Episode in Spottverse: Eines Tages geht Pythagoras an einem Kerl vorüber, der gerade seinen Hund verprügelt. Von Mitleid mit dem Tier bewegt, schreitet Pythagoras ein und sagt zu dem Tierquäler: Laß ab, ich erkenne an der Stimme des Tieres die Seele (*psyche*) eines verstorbenen Freundes.

Die Anekdote will Pythagoras zwar verspotten, doch ist in ihr die Seelenlehre des Pythagoras genau erfaßt. Deutlich erkennbar sind drei Eigenschaften der Seele: Sie bildet den Kern des Menschen; sie ist unabhängig vom Leib des Menschen; anders als der Körper ist sie nicht dem Tod unterworfen und also unsterblich; sie geht nach dem Tod des Körpers unter Beibehaltung ihrer Individualität in einen anderen, menschlichen oder tierischen Körper ein. Die Seele bleibt gleich, die Körper wechseln. Die Einbeziehung der Tiere in die Theorie der Reinkarnation (Wiedereinkörperung) hat nicht nur den von Xenophanes verspotteten Tierschutz zur Folge, sondern auch das asketische Ideal der Fleischenthaltung und der Empfehlung vegetarischer Ernährungsweise.

Zu den bedeutendsten Vertretern der pythagoreischen Seelenlehre gehört der Philosoph Platon (428–347 v. Chr.), in dessen Dialogen wiederholt von der Reinkarnation gesprochen wird. Auch in seiner Philosophie bleibt die Seelenlehre mit der Vorstellung der Wiedereinkörperung verbunden: Beim Tode wird die Seele vom Körper frei, vergißt ihr früheres Leben und verbindet sich wieder mit einem neuen Körper. Stärker noch als sein Vorgänger Pythagoras betont Platon den Gegensatz zwischen Körper und Seele und schätzt die Seele als der göttlichen Ideenwelt verwandt ein. Damit weist er späteren, an Platon anknüpfenden Philosophen wie Plotin den Weg. Nach diesen gibt es für wenige Menschen sogar die Möglichkeit, dem Kreislauf immer neuer Einkörperungen der Seele für eine gewisse Zeit zu entkommen; als solche Menschen gelten die Philosophen.

«So gut wie alle Griechen, welche die Unsterblichkeit der Seele vertreten, lehren auch deren Reinkarnation»: So faßt der christliche Bischof Nemesius von Emesa um 400 n. Chr. – fast ein Jahrtausend nach Pythagoras – die alte Lehre zusammen (*Patrologia Graeca* 40, 581), eine Lehre, der er offenbar aufgeschlossen gegenübersteht.

Die Menschen der alten Welt haben über die Wiederverkörperungslehre viel nachgedacht und mancherlei Fragen zu beantworten gesucht: Kann ich etwas über frühere Leben meiner Seele wissen? Bestimmen frühere Leben mein jetziges Schicksal? Was geschieht mit meiner Seele zwischen zwei Inkarnationen? Wie wird meine nächste Inkarnation aussehen? Einige der Antworten, die man gibt, sind uns bekannt. Pythagoras habe seine Seele mit der des Aithalides, Sohn des Gottes Hermes, identifiziert; später habe seine Seele im Helden Euphorbos mit den Griechen gegen die Trojaner gekämpft (überliefert bei Diogenes Laertios).

In der gegenwärtigen Inkarnation, so meinen viele, müsse der Mensch für frühere Vergehen büßen. Die in der Pythagoras-Anekdote geschilderte Wiedergeburt als Hund stellt dem Freund des Philosophen kein gutes Zeugnis aus, gilt doch die Reinkarnation in einem Tier als Abstieg. Was unmittelbar nach dem Tod und vor einer erneuten Verbindung einer Seele mit einem Körper geschieht, beschäftigt Platon wiederholt. Er rechnet mit langen Zeiträumen zwischen Tod und Wiedergeburt, mit Zeiten, welche die Seele im Himmel verbringt; dabei vergißt sie ihr früheres Leben und erlernt, den göttlichen Ideen nahe, die Grundbegriffe des Denkens – das Wesen von Gerechtigkeit, Tugend, Weisheit und Liebe, aber auch die Zahlen und Regeln der Mathematik. Später, nach erneutem Abstieg in einen menschlichen Körper, erweist sich das Lernen als Wiedererinnern an das im Jenseits Geschaute. Daher vermag auch ein wenig gebildeter Mensch, zum Beispiel ein Sklave, einfache mathematische Operationen zu verstehen. In diesem Zusammenhang definiert Platon menschliches Lernen als Erinnerung, nämlich als Auffrischen dessen, was die Seele bereits vorgeburtlich im Jenseits gelernt hat. Die Seele des Menschen ist also keine *tabula rasa*, sondern eine bereits im Jenseits beschriebene Tafel. Alle Menschen können Teile dieser Tafel entziffern, doch nur Philosophen gelangen darin zur Meisterschaft.

Woher kommen die Vorstellungen von Seele und Reinkarnation? Diese Frage haben Religionshistoriker immer wieder zu beantworten versucht. So wurde an indischen Einfluß auf Pythagoras und seinen Umkreis gedacht, gilt doch Indien als klassisches Land der Seelenwanderungs- und Wiederverkörperungslehre. Trifft diese Annahme zu, hätte es einen indisch-griechischen Kulturkontakt gegeben, wobei nicht nur indisches Handelsgut, sondern auch östliches Gedankengut den Weg nach Westen gefunden hätte. Diese im 19. Jahrhundert geläufige Annahme wird heute nicht mehr vertreten. Tatsächlich ist die Reinkarnationsvorstellung sehr viel weiter verbreitet und keineswegs nur auf Indien und die Schule des Pythagoras beschränkt. Sie ist typisch für archaische Jäger und Sammler, für Menschen also, die von Tierjagd und Früchtesammeln leben, aber weder Tierhaltung noch Pflanzenanbau kennen. Zugrunde liegt die Beobachtung, daß ein bestimmtes Gebiet bei solcher Wirtschaftsweise nur eine bestimmte, ungefähr gleichbleibende Anzahl von Menschen und wilden Tieren ernähren kann. Eine zu große Zahl von Menschen oder Tieren könnte nicht genügend Nahrung finden. Die gleichbleibende Zahl von menschlichen und tierischen Individuen erneuert sich ständig, wobei die Zahl der Geburten der Zahl der Toten entspricht. Daraus wurde auf die gleichbleibende Zahl ursprünglich von den Göttern geschaffener Seelen geschlossen, die sich zyklisch mit neuen Körpern verbinden. Diese archaischen Vorstellungen sind sowohl in Indien wie von Pythagoras aufgegriffen und zu philosophischen Lehren ausgestaltet worden. Pythagoras mag diese Vorstellung aus Thrakien, dem unmittelbar nördlich von Griechenland liegenden Gebiet zugeflossen sein. In Thrakien scheinen archaische Vorstellungen von Seele und Seelenwanderung noch zu historischer Zeit lebendig gewesen sein. Eine alte Überlieferung weiß sogar von einem thrakischen Sklaven im Haushalt des Pythagoras. So scheint eine zwar plausible, wenn auch ohne festen Anhaltspunkt bleibende Antwort auf die Herkunftsfrage möglich.

Auferstehung. – Der Begriff der Auferstehung ist uns heute ähnlich geläufig wie der Begriff der Seele, und doch ist der gemeinte Sachverhalt in manchen Einzelheiten unklar. Nur wenige der alten Quellen geben eine klare Vorstellung von der Lehre, die sich ursprünglich und charakteristisch mit dem Begriff verbindet. Zwei Quellen aus dem 3. und 2. Jahrhundert v. Chr. vermitteln uns die beste Anschauung: das 2. Buch der Makkabäer und das im äthiopischen Henochbuch überlieferte «Buch der Wächter». Obwohl beide Schriften nicht zu den kanonischen Büchern der Hebräischen Bibel gehören, genießen sie in der Antike großes Ansehen. Das 2. Buch der Makkabäer ist noch heute in katholischen Bibelausgaben enthalten. Aus diesen beiden Schriften läßt sich ein endzeitliches Drama rekonstruieren, in das die frommen Juden jener Zeit ihr eigenes Schicksal einschrieben. Das Drama hat drei Akte: Verfolgung und Tod – göttliches Gericht – neue Weltordnung. An jedem der drei Akte hat der fromme Jude Anteil.

Der erste Akt – Verfolgung und Tod – spiegelt die Gegenwart, in der viele Juden unter staatlicher Verfolgung leiden. Betroffen sind die rechtgläubigen Juden, die den Eingriff der heidnischen Regierung Syriens in den Jerusalemer Opferkult ebenso ablehnen wie die Abschaffung der Beschneidung und die Einführung des Verzehrs von Schweinefleisch. Diese historischen Vorgänge des 2. Jahrhunderts v. Chr. sind im 2. Buch der Makkabäer zur Erzählung einer standhaften Mutter und ihrer sieben Söhne verdichtet. Alle lehnen den Verzehr von Schweinefleisch ab, und alle werden auf grausame Weise getötet. In der Hoffnung auf die «Auferstehung zum Leben» nehmen sie das Martyrium auf sich. Einer der Märtyrer erklärt seinen Verfolgern, der Verlust seiner Glieder bedeute ihm nichts: «Vom Himmel habe ich sie bekommen, und wegen seiner Gesetze achte ich nicht auf sie. Von ihm hoffe ich sie wiederzuerlangen» (2 Makk 7,11). Die sterbenden Märtyrer gehen in die Scheol ein, wo ihnen ein angenehmer, mit Wasserreichtum und Licht gesegneter Ort zugewiesen wird (1 Henoch 22,8ff).

Der zweite Akt – das göttliche Gericht – besteht nicht nur aus einem Eingriff Gottes in die Geschichte, der die Herrschaft der

Judenfeinde beendet; vielmehr kommt es auch zu einem Eingreifen Gottes im Jenseits. Dort werden die Bösen bestraft, vermutlich, indem sie in eine Art Hölle verbannt werden. Die Frommen hingegen werden aus der Scheol befreit, kehren zur Erde zurück und erhalten ihren Körper wieder – so, wie es sich die Märtyrer des 2. Buches der Makkabäer erhofft hatten. Sie sind nun zu einem zweiten Leben bereit.

Das Endgericht und die mit ihm verbundene Auferstehung der Frommen zielen auf einen dritten und abschließenden Akt: die Errichtung einer neuen Weltordnung. Die neue, die Auferstandenen erwartende Welt wird nicht nur schön, sondern vollkommen sein. Alle Völker werden den Gott Israels verehren, und das Land wird reiche, an das griechische Elysium erinnernde Frucht tragen. Kinderreichtum und hohes Alter wird die Menschen auszeichnen. So werden «alle Gerechten [dem Unheil] entkommen und werden am Leben bleiben, bis sie tausend Kinder gezeugt haben; alle Tage ihrer Jugend und ihres Alters werden sie in Frieden vollenden. ... Sie werden ein langes Leben auf Erden leben, wie es deine Väter [vor der Sintflut] lebten; in ihren Tagen wird sie weder Trauer noch Leid, noch Bedrängnis, noch Klage heimsuchen» (1 Henoch 10,17; 25,6). Menschliches Leben währte vor der Sintflut etwa 750 Jahre, bei Methusalem waren es 969 Jahre – solche Zahlen schweben dem Verfasser des Wächterbuchs vor. Während die neue, ideale Weltordnung nicht mehr umgestürzt werden kann, ist das Leben des einzelnen begrenzt – es dauert so lange, bis der einzelne alt und am Leben gesättigt stirbt, um dann in der Scheol endgültige Ruhe zu finden.

Der jüdische Gedankenkreis der Auferstehung wird heute oft mißverstanden, und zwar in zweifacher Hinsicht. Erstens gilt es (gegen ein geläufiges christliches Mißverständnis) festzuhalten, daß sich die Auferstehungslehre auf ein Kollektivum bezieht, nicht auf einen einzelnen Menschen; nicht der einzelne erlebt die Auferstehung, sondern die gesamte Gruppe der Gerechten in einem einzigartigen, umfassenden Geschehen. Zweitens: Ein *ewiges*, nie mehr endendes Leben (wie es mit der Vorstellung von der Apotheose verbunden ist) gibt es innerhalb der neuen, auf die Auferstehung folgende Weltordnung nicht. Der Mensch bleibt grundsätzlich ein körperliches und damit auch endliches Wesen. Nur die Engel und natürlich Gott selbst sind als geistige Wesen dem Tod nicht unterworfen.

Woher kommt die Lehre von der Auferstehung, die eine Rückkehr in das körperliche, diesseitige Leben verheißt? Wir können mehrere Impulse benennen, die in ihr wirksam sind und die ihre besondere Gestalt bestimmen. Die Vorstellung von einem göttlichen Gericht, das die Bösen bestraft, die Guten jedoch wieder in körperliches Leben zurückruft, ist offenbar iranischer Herkunft und geht auf den Propheten Zarathustra (um 1000 v. Chr. oder früher) zurück. Der Lehre Zarathustras sind jüdische Intellektuelle wohl schon im 6. Jahrhundert v. Chr. begegnet und ließen sich von ihr zur Entwicklung verwandter Glaubensvorstellungen anregen. Dabei hielten die jüdischen Lehrer jedoch an der prinzipiellen Begrenztheit des leiblichen Lebens fest; statt mit einem nie endenden Leben des einzelnen auf Erden zu rechnen, glaubten sie an eine Wiederherstellung des sehr langen Lebens, von dem ihre eigene, hebräische Tradition wußte. Schließlich ist verständlich, daß die Auferstehungslehre vor allem jene frommen Kreise ansprach, die Verfolgung, von Feinden zugefügtes Leid und Tod um des Glaubens willen kannten. Solche Menschen sind einer Lehre gegenüber aufgeschlossen, die nicht nur das Ende der Bedrängnis, sondern auch die nachträgliche Rettung bereits verstorbener, jedoch im Leben zu kurz gekommener Männer und Frauen verheißt. So wird man die Auferstehungslehre wohl am besten als eine Hoffnung begreifen, die vor allem in den Kreisen der von Verfolgung Bedrängten gepflegt wurde. Diese Lehre ist in ihrem Kern nicht auf ewigen Lohn ausgerichtet, sondern erwartet allein ein – wenn auch recht langes und durch Segen verklärtes – irdisches Leben.

Tartaros. – Gelangen alle Toten in den Hades, die zwar nicht erfreuliche, aber keineswegs quälende Unterwelt? Nein, antwortet der griechische Mythos, es gibt einen unterhalb des Hades liegenden Strafort; dorthin schickt der Totenrichter Rhadaman-

Eine Erinye bestraft zwei nackte Sünder durch Fesselung,
während die Unterweltsgottheiten Hades und Persephone zuschauen.
Antike Vasenmalerei, ca. 360/50 v. Chr.

thys die schlimmsten Verbrecher – vor allem Tyrannen, Tempelräuber und Mörder; «diese wirft das gerechte Schicksal in den Tartaros, von wo sie nie wieder heraufkommen» (Platon, *Phaidon* 113 E). Platon gilt als der erste Denker, der ohne Einschränkung von einer ewig währenden Strafe für schwere Verbrecher spricht.

Will man den Totenrichter Rhadamanthys nicht als den Herren der griechischen Hölle bezeichnen (wie es Vergil tut: *Aeneis* 6, 566), so muß man sagen, daß sie herrenlos bleibt. Im Mythos spielt eine Herrschaft über den Tartaros keine Rolle; wichtig ist dem Mythos nur, daß die vom Richter verhängten Strafen vollstreckt werden. Diese Aufgabe fällt allerlei finsteren Wesen zu, von denen die Erinyen die bekanntesten sind. Von den Römern werden sie Furien genannt. Es handelt sich um furchterregende weibliche Wesen, die kein Mitleid kennen und keine mildernden

Umstände gelten lassen. Sie werden stets als Frauen von grimmigem Aussehen dargestellt; sie tragen Fackeln, Geißeln und Schlangen – falls Schlangen nicht in ihren Haaren erkennbar sind. Doch sind sie weder häßlich noch mißgestaltet, denn der Grieche hält seine Vorliebe für alles Schöne auch in der Hölle aufrecht. Schöne, aber wütende und wilde Frauen hausen im Tartaros und machen den dorthin verstoßenen Toten das Leben schwer. Vergil nennt uns den Namen ihrer Anführerin: Tisiphone, «Mordrächerin». Einer der großen antiken Maler, Polygnotos, hat Tisiphone oder eine andere der Erinyen gemalt, wie sie in der Unterwelt einen Tempelräuber verprügelt (Pausanias, *Beschreibung Griechenlands* 10, 28). Dieses Werk ist nicht erhalten, doch kennen wir eine ähnliche Darstellung (vgl. S. 23).

Von den Höllenqualen läßt sich allerdings auch ohne Tisiphone und ihre Gefährtinnen sprechen: Das zeigt die Gestalt des einen Stein bergauf wälzenden Sisyphus; ist er oben angelangt, dann rollt der Stein wieder bergab und die Arbeit beginnt von neuem (Platon, *Gorgias* 525 C). Ein ähnliches Schicksal ist Tantalus beschieden. Da der König seinen eigenen Sohn geschlachtet und den Göttern als Speise vorgesetzt hat, steht er nun in der Unterwelt bis zum Kinn in einem See. Von den über ihm hängenden herrlichen Früchten kann er nicht kosten, denn greift er nach ihnen, weichen sie vor ihm zurück, wie auch das Wasser verschwindet, wenn er sich zum trinken anschickt (Homer, *Odyssee* 11, 582–592). Wieder andere Strafen kommen in den Blick, wenn wir erfahren, daß der Tartaros Ströme von Feuer enthält – ein Gedanke, der sich im Blick auf den Vulkan Ätna in Sizilien nahelegt (Platon, *Phaidon* 111 D–112 A).

Eine ebenso unangenehme wie historisch einflußreiche Höllenvorstellung begegnet uns im Weltbild der alten Ägypter. Jene, die den Sonnengott Re nicht angebetet und dessen Feind Apophis nicht bekämpft haben, werden verdammt und fahren zur Hölle. Diese wird als Land nicht nur der Finsternis und Entbehrung, sondern auch als Stätte geschildert, wo ein Heer von Dämonen die Verdammten bestraft. Taub und blind und von ihrem eigenen Verwesungsgestank umgeben, werden sie gefesselt oder an Marterpfähle gebunden und geköpft oder verbrannt.

Immer wieder begegnet in den ägyptischen Überlieferungen das Feuer – Feuergruben, Feuerfallen und vor allem ein Feuersee werden als Straforte genannt. Nach dem sogenannten «Höhlenbuch» werden die Verdammten in Kesseln gekocht und sterben wiederum, erleiden also einen zweiten, endgültigen Tod. So bleibt von den Verdammten schließlich nichts mehr übrig. In dieser Schreckenswelt führt der finstere Gott Apophis, Feind und Widersacher des Sonnengottes Re, das Regiment. Bildlich dargestellt wird Apophis als ein häßliches Schlangenungeheuer, dessen Gesicht durch Runzeln entstellt ist. Während dem griechischen Tartaros manche Seele nie mehr entkommt, kennt der Ägypter keine zum Selbstzweck werdende ewige Pein. «Die ägyptische Hölle kennt keine Tantalus- und Sisyphusqualen, keine immerwährende Folterung der Betroffenen; durch Vernichtung will sie mit ihren Strafen die Verdammten als potentielle Gegner der Weltordnung gänzlich ausschalten» (E. Hornung).

Alle der vorstehend erörterten Grundbegriffe antiker Jenseitslehren – Hades, Apotheose, Elysium, Seele, Auferstehung und Tartaros (Hölle) – haben in unterschiedlicher Weise auf Gestalt und Geschichte der christlichen Hoffnung auf ewiges Leben nach dem Tod eingewirkt. Schon im Neuen Testament ist dies deutlich.

2. Das Neue Testament

Alle, die sich als Anhänger der im 1. Jahrhundert in Palästina entstehenden christlichen Bewegung verstehen, glauben an ihr Fortleben nach dem Tode. Einer – und vielleicht der wichtigste – der dafür angegebenen Gründe ist, daß auch Jesus nach seiner schmählichen Hinrichtung am Kreuz weiterlebt. Dieses fortgeführte oder erneute Leben wird als erfreulich aufgefaßt und nicht etwa als trostlose Existenz im finsteren Totenreich. Wie das Weiterleben Jesu und das eigene Weiterleben jedoch genau zu verstehen sei, darüber herrschen bereits am Anfang verschiedene Ansichten. Vier neutestamentliche Schriften vermitteln uns ein Bild der zu Beginn der christlichen Glaubensgeschichte geäußerten Auffassungen: die beiden Korintherbriefe des Paulus, das Buch der Offenbarung und das Lukasevangelium. In verschiedenen frühchristlichen Milieus in der zweiten Hälfte des 1. Jahrhunderts entstanden, lassen sie etwas von der Meinungsvielfalt innerhalb der frühen Kirche erkennen.

Die zwei Wege (Paulus). – Die Briefe des Paulus gelten mit Recht als die ältesten uns überlieferten christlichen Schriftstücke. In seiner Korrespondenz der 50er Jahre kommt Paulus mehrfach auf das Thema des Lebens nach dem Tod zu sprechen, und es gibt keinerlei Zweifel für ihn, daß den Gläubigen ein solches Leben erwartet. Unklar allerdings bleibt, wie dieses Leben aussieht und wo es sich abspielt. Die heutigen Ausleger haben große Schwierigkeiten, die verstreuten Bemerkungen des Briefschreibers zu einem einheitlichen Gesamtbild zusammenzufügen. Nicht einmal innerhalb desselben Briefes – des ersten Korintherbriefes – scheint ein einheitliches Bild vorzuliegen, möglicherweise deshalb, weil Fragmente aus einem nicht überlieferten Schriftstück eingearbeitet wurden. Dazu kommt, daß das, was Paulus schreibt, für unser Gefühl zu knapp und lakonisch ist, so daß mehr Fragen offenbleiben als beantwortet werden.

Aus diesem Dilemma kann es für unsere Darstellung nur *einen* Ausweg geben, nämlich den, eine plausible Rekonstruktion vorzulegen und gleichzeitig zu betonen, daß diese in manchen Einzelheiten unsicher bleiben muß. Unsere Rekonstruktion beruht auf der Annahme, Paulus habe zunächst eine der jüdischen Tradition verpflichtete *Auferstehungslehre* vertreten, um diese später aufzugeben und durch eine der griechischen Philosophie verwandte *Seelenvorstellung* zu ersetzen.

Die von Paulus zunächst vertretene *Auferstehungslehre* geht von einem Unterschied zwischen dem Schicksal Christi und dem der Christen aus. Als Christus starb, blieb er nur kurze Zeit – zwei Tage – im Totenreich (Hades); dann folgte seine Auferweckung durch Gott; diese läßt sich als Erhöhung seiner Seele in den Himmel verstehen. Die übrigen verstorbenen Gläubigen verbleiben zunächst, wie alle Menschen, in der Unterwelt. Dadurch ergibt sich eine Spannung, ein Gegensatz: Christus ist im Himmel, die Gläubigen sind in der Unterwelt. Der Ausgleich erfolgt so, daß sich – in einem gewaltigen, die gesamte Welt betreffenden Akt – Christus und die Gläubigen in der Mitte zwischen Himmel und Unterwelt treffen, nämlich auf der Erde. Christus kommt vom Himmel auf die Erde, und ihm schließen sich dort die zu diesem Zweck körperlich auferstehenden, also ins irdische Leben zurückkehrenden Toten an. Mit Christus, ihrem Herrscher, vereinigt, bilden sie einen messianischen Staat. Weder über die Dauer dieses irdischen Reiches Christi noch über die dort herrschenden Lebensumstände macht Paulus irgendwelche Angaben. Mitgeteilt wird nur, daß Christus gegen seine Feinde kämpft und daß sein letzter, schließlich von ihm besiegter Feind der Tod ist – offenbar ein satanisches Wesen.

Nach diesem Sieg übergibt Christus die Herrschaft seinem Vater, dem himmlischen Herrscher. Vermutlich wird dann die irdische Lokalität des Messiasreiches aufgegeben und, begleitet von den in engelsgleiche Wesen verwandelten Gläubigen, fährt Christus wieder zum Himmel auf. Dort werden die Gläubigen zusammen mit Christus bei Gott sein, und zwar in alle Ewigkeit, da es einen Tod nicht mehr gibt.

Der Paulustext, in dem diese Lehre zusammengefaßt wird, hat folgenden Wortlaut:

> Wie in Adam alle sterben, so werden in Christus alle lebendig gemacht werden. Es gibt aber eine bestimmte Reihenfolge: Erster ist Christus; dann folgen, wenn Christus kommt, alle, die zu ihm gehören. Danach kommt das Ende, wenn er jede Macht, Gewalt und Kraft vernichtet hat und seine Herrschaft Gott, dem Vater, übergibt. Denn er muß herrschen, bis er [d. h. Christus] alle seine Feinde unter seine Füße gelegt haben wird. Der letzte Feind, der entmachtet wird, ist der Tod. ... Wenn ihm dann alles unterworfen ist, wird auch er, der Sohn, sich dem unterwerfen, der ihm alles unterworfen hat, damit Gott herrscht über alles und in allem. (1 Kor 15,3–28)

Der ganze Vorgang läuft darauf hinaus, daß die Gläubigen schließlich dasselbe Schicksal haben wie Christus: Durch Apotheose verwandelt, werden sie zum ewigen Leben an einen himmlischen Ort versetzt. Dieser endgültigen Verwandlung ist jedoch die Teilnahme an einem irdischen Zwischenreich vorgeschaltet; nur für dieses Reich werden sie körperlich auferweckt. Für das ewige, himmlische Schicksal bedarf es keiner irdischen Körperlichkeit.

Von diesem ebenso eindrucksvollen wie komplizierten endzeitlichen Tableau hat sich Paulus alsbald verabschiedet. Weder die Niederfahrt der Toten in den Hades noch die körperliche Auferstehung noch das irdische messianische Reich werden im 2. Korintherbrief erwähnt. Paulus orientiert sich ganz neu. Die griechische Seelenvorstellung hilft ihm, ein einfacheres Bild zu entwerfen.

Der gewöhnliche, nicht christusgläubige Mensch besitzt eine Seele, die durch den Tod in den Hades befördert wird. Anders ist es bei den Gläubigen. Durch Glaube und Taufe besitzen sie eine verwandelte, neugestaltete Seele. «Wenn also jemand in Christus ist, dann ist er ein neues Geschöpf: Das Alte ist vergangen, Neues ist geworden» (2 Kor 5,17). Das Neue besteht darin, daß die Seele, anders als der Leib, von göttlichem Geist erfüllt ist. So entsteht eine Spannung zwischen dem vergänglichen, irdischen Leib und der bereits dem Himmel zugehörenden verwandelten Seele. Der Tod löst die Seele von der sterblichen Hülle, so daß die Seele in den Himmel aufsteigen kann. Paulus deutet an, was die Seele im Himmel erwartet: Sie wird vor Christi Richterstuhl geführt und empfängt ihren ewigen Lohn; mit einem neuen, nicht mehr dem Tod unterworfenen Leib ausgestattet, verbringt sie die Ewigkeit in der neuen, himmlischen Heimat. Die Formulierung des Paulus ist von Todessehnsucht bestimmt, denn der Tod wird von ihm als Heimkehr verstanden:

Wir wissen: Wenn unser irdisches Zelt [d.h. der Körper] abgebrochen wird, dann haben wir eine Wohnung von Gott, ein nicht von Menschenhand errichtetes ewiges Haus [d.h. einen neuen Leib] im Himmel. Im gegenwärtigen Zustand seufzen wir und sehnen uns danach, mit dem himmlischen Kleid überkleidet zu werden. So bekleidet, werden wir nicht nackt erscheinen. Solange wir nämlich in diesem Zelt leben, seufzen wir unter schwerem Druck, weil wir nicht entkleidet, sondern überkleidet werden möchten, damit so das Sterbliche vom Leben verschlungen werde. Gott aber, der uns gerade dazu fähig gemacht hat, er hat uns auch als ersten Anteil den Geist gegeben. Wir sind also immer zuversichtlich, auch wenn wir wissen, daß wir fern vom Herrn in der Fremde leben, solange wir in diesem Leib zu Hause sind; denn als Glaubende gehen wir unseren Weg, nicht als Schauende. Weil wir aber zuversichtlich sind, ziehen wir es vor, aus dem Leib auszuwandern und daheim beim Herrn zu sein. Deswegen suchen wir unsere Ehre darin, ihm zu gefallen, ob wir daheim oder in der Fremde sind. Denn wir alle müssen vor dem Richterstuhl Christi offenbar werden, damit jeder seinen Lohn empfängt für alles [wörtlich: das Gute und Böse], was er im [irdischen] Leib getan hat. (2 Kor 5,1–10)

Dieses Szenario von Diesseits und Jenseits, Erde und Himmel, irdischer Fremde und himmlischer Heimat läßt nichts mehr von der schwierigen Konstruktion einer körperlichen Auferstehung und eines messianischen Reiches erkennen. Paulus hat zu einer klareren und verständlicheren Meinung gefunden.

In den nach Paulus entstandenen neutestamentlichen Schriften lassen sich die beiden Jenseitskonzeptionen weiterverfolgen. Das Buch der Offenbarung knüpft im wesentlichen an die hebräisch geprägte Auferstehungsbotschaft an, während das Lukasevangelium mehr dem Seelenbegriff verpflichtet ist.

Der hebräische Weg (Buch der Offenbarung). – Das Buch der Offenbarung, auch Johannesapokalypse genannt, enthält in seinen Schlußkapiteln eine Darstellung der endzeitlichen Ereignisse, die sich mit den Begriffen «tausendjähriges Reich», «Weltgericht» und «neues Jerusalem» umschreiben lassen. Was sich hinter diesen Begriffen genau verbirgt und wie sich diese frühchristliche Schrift überhaupt den Ablauf endzeitlicher Ereignisse vorgestellt hat, ist seit der Zeit der Kirchenväter in der kirchlichen Auslegung umstritten, und auch die moderne Forschung hat zu keiner einhelligen Interpretation gefunden. Offenbar besitzt der Autor dieses Werkes genaue Vorstellungen von den letzten, von ihm dramatisch dargestellten Ereignissen der menschlichen Geschichte, doch formuliert er seine Lehre nur unscharf und vielleicht sogar widersprüchlich, nicht zuletzt deshalb, weil er verschiedene Überlieferungen kombinieren will. Jede Erklärung stellt daher ein Wagnis dar, das sich zwar auf den Text berufen kann, aber auch andere Interpretationsmöglichkeiten anerkennen muß. Mein eigener, im folgenden vorgetragener Deutungsversuch steht deshalb unter einem Vorbehalt.

Ich gehe davon aus, daß Johannes von Patmos zwei Gruppen von Gläubigen vor Augen hat: die gewöhnlichen christlichen Gläubigen und die davon zu unterscheidenden Märtyrer, also Menschen, die um ihres Glaubens an Christus willen einen gewaltsamen Tod erlitten haben. Für jede dieser beiden Gruppen – so lautet meine These – gibt es eine besondere Form des postmortalen Schicksals.

Zuerst zum Schicksal der Märtyrer! Mehrfach erwähnt Johannes das Martyrium, am ausführlichsten im 11. Kapitel. Dort ist von zwei «Zeugen» (*martyres*) Gottes die Rede, die «im Bußgewand auftreten und prophetisch reden, zwölfhundertsechzig Tage lang» (Offb 11,3). Nach Ende ihrer Tätigkeit werden sie von den staatlichen Behörden hingerichtet, «und ihre Leichen bleiben auf der Straße der großen Stadt liegen», offenbar in Jerusalem. Dreieinhalb Tage lang bleiben die Leichname unbestattet liegen. Doch als nach Ablauf dieser Frist wieder Leben in sie kommt und eine Himmelsstimme ihnen zuruft «Kommt herauf!», steigen sie vor den Augen aller, von einer Wolke verhüllt, zum Himmel auf. Auf eine körperliche Auferstehung folgt eine mit einer Verwandlung einhergehende Versetzung in den Himmel. Deutlich erkennen wir hier das Echo der Überlieferung von Jesus, wurde doch auch von ihm prophetische Predigt, Ermordung, mehrtägiger Tod, leibliche Auferstehung und Himmelfahrt berichtet.

Wie aus anderen Passagen des Buchs der Offenbarung deutlich wird, bilden leibliche Auferstehung und Aufnahme in den Himmel nicht die Leitvorstellung dieser Schrift. Nicht der Begriff der leiblichen Auferstehung, sondern die körperlose Seele (griechisch *psyche*: Offb 6,9; 20,4) steht zumeist im Mittelpunkt des Interesses. Nach dem Tod gelangen die Seelen der Märtyrer in den Himmel, wo sie zum Zeichen ihrer priesterlichen Würde weiße Gewänder erhalten. Das Versetzen in den Himmel bezeichnet das Buch der Offenbarung als «Auferstehung» und preist jene glücklich, die an ihr teilhaben (Offb 20,5–6). Auf die Ewigkeit des für die Märtyrer bestimmten

2. Das Neue Testament

himmlischen Lebens wird eigens hingewiesen: «Der zweite Tod», so heißt es, hat über sie keine Macht, denn sie sind nun unsterblich. Dieses Schicksal ist im Kreuzestod Christi vorgebildet, und so wird verständlich, warum die Märtyrer mit Christus zusammen im Himmel herrschen. Im Unterschied zu anderen Gläubigen besitzen die Märtyrer eine unsterbliche Seele; ihre Seele wird gleichsam immortalisiert.

Für die gewöhnlichen Gläubigen sieht das postmortale Schicksal anders aus. Sie gehen in das Totenreich ein; dort müssen sie lange Zeit verharren, bis es – tausend Jahre nach der Apotheose der ersten Märtyrer – eine universale körperliche Auferstehung der Toten gibt. Die Unterwelt gibt ihre Toten heraus (Offb 20,13), dann folgt ein göttliches Gericht, bei dem die bösen Menschen verurteilt und, in einen Feuersee geworfen, vernichtet werden; das ist der zweite, schlimme Tod dieser Menschen. Die wahren Gläubigen jedoch bilden die Bürgerschaft einer neuen Welt. Diese zeichnet sich durch große Fruchtbarkeit aus und verspricht eine reiche Ernte. Sie ist wasserreich und ihre Bäume tragen jeden Monat einmal Frucht (Offb 22,2). Fragt man nach dem weiteren Schicksal der Bürger der neuen Schöpfung, so bleibt uns das Buch der Offenbarung die Antwort schuldig. Vielleicht darf man die in jüdischen Apokalypsen gelehrte Auffassung hier einrücken: Die Gläubigen werden ein langes, fast tausendjähriges Leben verbringen, um sich dann hochbetagt und am Leben gesättigt zur Ruhe zu legen. Die Zahl ihrer Jahre richtet sich nach den Lebensjahren der vorsintflutlichen Patriarchen; an deren Lebensdauer läßt sich die von Gott für den Menschen eigentlich vorgesehene Lebenszeit ablesen. In der neuen Welt wird jeder so alt wie Jered oder Methusalem, nämlich 962 oder 969 Jahre (Gen 5,20.27). Eine Hölle gibt es nicht mehr, nur einen angenehmen Schlummer bietenden Hades. Es gibt zwar einen zweiten Tod für die Gläubigen, doch hat dieser mit dem ersten, irdischen Tod nichts mehr gemein.

Ein besonderes Privileg der Bürger der neuen Schöpfung ist die Wallfahrt zum neuen Jerusalem und seinem Tempel. Dort verrichten die als «Knechte Gottes» titulierten, Gottes Namen als Diadem am Turban tragenden Priester kultischen Dienst und schauen Gottes freundliches Angesicht immerdar (Offb 22,3–4). In der heiligen Stadt begegnen die Wallfahrer nicht nur den Priestern; sie werden auch Christus und Gott selbst schauen, denn deren Thron ist in der Stadt offen zugänglich und nicht in einem Tempel verborgen.

Stimmt diese Deutung, dann hätten wir es mit zwei eschatologischen Welten zu tun, die beide ewig und koexistent sind: die neue Schöpfung und ihr Zentrum, das neue Jerusalem. Während im neuen Jerusalem die durch *Apotheose* zu Engelpriestern verwandelten Märtyrer unsterblich sind, gilt dasselbe nicht auch für die übrige erlöste Schar der Gläubigen. Diese sind durch *Auferstehung* Bürger der neuen Welt geworden; während diese Welt zwar in alle Ewigkeit fortbestehen wird, werden sie selbst «nur» ein hohes Alter erreichen, um nach ihrem Entschlafen einer neuen Generation Platz zu machen. Wir dürfen voraussetzen, daß die Menschen in der neuen Welt auch die Institution der Ehe und damit Geschlechtlichkeit und Geburt kennen. Der Endlichkeit und Materialität des Lebens in der neuen Welt stehen die Ewigkeit und Spiritualität der Existenz im neuen Jerusalem gegenüber. Wahrhaft ewigen Lohn – im Sinne von Unsterblichkeit – gibt es nur für die Christi Todesschicksal teilenden Märtyrer. Das Buch der Offenbarung verarbeitet die Verheißungen von Auferstehung und Apotheose in geschickter Weise, indem jede der beiden einer bestimmten Gruppe der verstorbenen Christen in Aussicht gestellt wird. So entsteht ein vielfältiges und reichhaltiges Bild, dessen Einzelheiten sich nur ansatzweise enträtseln lassen.

Zuletzt müssen wir die Frage beantworten, warum das Buch der Offenbarung nur über das Schicksal der Märtyrer klare Auskunft erteilt, das neue Leben der übrigen Gläubigen jedoch nicht schildert, so daß wir außerbiblische apokalyptische Literatur heranziehen müssen. Vielleicht war die Lehre über die körperliche Auferstehung der Gläubigen und ihr langes Leben in der erneuerten Welt allgemein bekannt und brauchte nicht dargelegt zu werden. Offenbar ist Johannes von Patmos nur am Schicksal der Märtyrer interessiert, weil er den ermordeten

Glaubenszeugen nahesteht und unter dem Schock ihres schrecklichen Todes schreibt. Seine Schilderung des Endzustandes der Welt ist von dieser Erfahrung geprägt.

Der griechische Weg (Lukasevangelium). – Neben dem Buch der Offenbarung handelt das Lukasevangelium am ausführlichsten unter den frühesten Quellen vom postmortalen Schicksal. Erzählt wird die Geschichte Jesu von dessen Geburt bis zu seinem Tod nach der Art einer antiken Philosophenbiographie, wobei Jesu Lehre ebenso eingehende Berücksichtigung findet wie sein Geschick. Sowohl in der Lehre Jesu als auch im Bericht über Jesu Tod ist vom postmortalen Leben die Rede. Um die besonderen, mit Jesu Schicksal und Tod verbundenen Vorstellungen zu verstehen, sollen diese zunächst unabhängig vom Schicksal der gewöhnlichen Menschen betrachtet werden.

Von Jesus wird eine *leibliche Auferstehung*, das heißt eine Rückkehr in das Leben des irdischen Körpers, berichtet. Jesus wird an einem Freitag gekreuzigt und begraben, am Sonntag finden die Jüngerinnen sein leeres Grab, und die dort erscheinenden Engel geben ihnen Auskunft: «Was sucht ihr den Lebenden bei den Toten? Er ist nicht hier, sondern er ist auferstanden» (Lk 24,5–6). Wenig später zeigt sich Jesus seinen Jüngern in Jerusalem; seine wiederhergestellte Leiblichkeit wird eigens betont. Als sie einen Geist zu sehen meinen, sagt der Auferstandene zu seinen Jüngern:

> Was seid ihr so bestürzt? Warum laßt ihr in eurem Herzen solche Zweifel aufkommen? Seht meine Hände und meine Füße an: Ich bin es selbst. Faßt mich doch an, und begreift: Kein Geist hat Fleisch und Knochen, wie ihr es bei mir seht. Bei diesen Worten zeigte er ihnen seine Hände und seine Füße [gemeint ist: mit den Wundmalen]. Sie staunten, konnten es aber vor Freude immer noch nicht glauben. Da sagte er zu ihnen: Habt ihr etwas zu essen hier? Sie gaben ihm ein Stück gebratenen Fisch; er nahm es und aß es vor ihren Augen. (Lk 24,38–43)

Auf die Rückkehr Jesu in das leibliche Leben folgt unweit Jerusalems – in Betanien – seine Himmelfahrt; sie wird in schlichter Sprache geschildert: «Dann führte er sie hinaus in die Nähe von

Betanien. Dort erhob er seine Hände und segnete sie. Und während er sie segnete, verließ er sie und wurde zum Himmel emporgehoben; sie aber fielen vor ihm nieder» (Lk 24,50–52). In der Himmelfahrt vollzieht sich die Aufnahme Jesu in die göttliche Welt. Dabei wird seine bisherige Existenzweise verwandelt. In religionsgeschichtlicher Terminologie ausgedrückt: Auf die leibliche Auferstehung folgt die *Apotheose*. Auf diese Weise verknüpft das Lukasevangelium zwei miteinander konkurrierende Vorstellungen – Auferstehung und Vergöttlichung.

Wenn das lukanische Werk vom postmortalen Schicksal gewöhnlicher Menschen spricht, treffen wir nicht auf die Doppelheit von Auferstehung und Apotheose. Der biblische Autor und seine Überlieferung begnügen sich in diesem Falle mit der Apotheose, für die das Gleichnis vom reichen Prasser und vom armen Lazarus die Anschauung liefert (Lk 16,19–31). Ein während seines Lebens stets in Purpur und feines Leinen gekleideter reicher Mann wird einem kranken, von Geschwüren entstellten Bettler gegenübergestellt. Der eine lebt Tag für Tag herrlich und in Freuden, der andere liegt draußen und wird von Hunden belästigt. Beide trifft der Tod. Im Falle des Armen erfolgt die Apotheose: Engel tragen ihn ins Jenseits zu Abraham, dem die Rolle eines Vorstehers der Toten zukommt. Der Reiche hingegen kommt in den Hades, wo er qualvolle Schmerzen erleidet. Wir haben es hier mit einer Umkehrung der Verhältnisse zu tun, wie sie für Jesu Predigt typisch ist, sagt er doch in der «Bergpredigt»: «Selig ihr Armen, denn euch gehört das Reich Gottes. Selig, die ihr jetzt hungert, denn ihr werdet satt werden. Selig, die ihr jetzt weint, denn ihr werdet lachen. ... Euer Lohn im Himmel wird groß sein» (Lk 6,20–21.23).

Das postmortale, himmlischen Lohn bringende Schicksal tritt unmittelbar nach dem Tode ein. Zwar verwendet die Erzählung vom armen Lazarus den Begriff der Seele nicht, aber er läßt sich leicht einsetzen: Die Seele des Reichen fährt zur Hölle, die des Armen in den Himmel; in beiden Fällen findet der Leib des Toten keine Erwähnung. Einen Hinweis auf die Bedeutungslosigkeit des Leibes läßt sich auch der lukanischen Leidensgeschichte Jesu entnehmen. In dem Zwiegespräch zwischen dem gekreuzigten Christus und einem mitgekreuzigten Räuber nimmt letzterer sein Leiden als gerechte Strafe an und wendet sich an Jesus: «Jesus, denk an mich, wenn du in dein Reich kommst.» Die Antwort lautet: «Amen, ich sage dir: Heute noch wirst du mit mir im Paradies sein» (Lk 23,43). Während die Leiber der Gekreuzigten noch am Pfahl hängen, sind ihre Seelen bereits an einem angenehmen Ort im Jenseits angelangt. Auch hier liegt nahe, von der zum himmlischen Paradies aufsteigenden Seele zu sprechen.

Wie bereits bemerkt, steht dem Paradies der Hades gegenüber. Das wird aus folgendem Jesuswort deutlich:

> Fürchtet euch nicht vor denen, die den Leib töten können, euch aber sonst nichts tun können. Ich will euch zeigen, wen ihr fürchten sollt: Fürchtet euch vor dem, der nicht nur töten kann, sondern auch Macht hat, euch auch noch in den Hades zu werfen. Ja, ich sage euch: Ihn sollt ihr fürchten. (Lk 12,4–5)

Wir begegnen hier einem Grundbegriff der antiken Eschatologie: dem Hades, doch ist dieser in eigentümlicher Weise verändert. Der Hades erscheint hier nicht nur als unangenehmes Totenreich, sondern als Ort der Strafe; Gott kann den Menschen nach dem Tod an diesen Ort verbannen. Das Stichwort «Seele» fällt in diesem Zusammenhang nicht, läßt sich jedoch leicht in den Gedankengang einfügen: Menschen haben Macht, den Leib zu töten, Gott jedoch kann die Seele in den Hades verbannen. Tatsächlich hat ein anderes Evangelium, das des Matthäus, das Jesuswort in diesem Sinne überliefert: «Fürchtet euch nicht vor denen, die den Leib töten, die Seele aber nicht töten können, sondern fürchtet euch vor dem, der Seele und Leib ins Verderben des Hades stürzen kann» (Mt 10,28).

Neben dem Hades als Ort des Verderbens, als Hölle, führt die matthäische Fassung den Begriff der Seele ein. Auch hier wird von der antiken Grundbedeutung abgewichen: Zwar wird zwischen Leib und Seele unterschieden, doch folgt der Leib der Seele in die Unterwelt und bleibt an sie gebunden.

Über das Leben der Seelen im jenseitigen Paradies gibt uns ein im Lukasevangelium überliefertes Gespräch überraschenden

Aufschluß (Lk 20,27–40). Der Dialog zeigt uns Jesus in Auseinandersetzung mit der jüdischen Gruppe der Sadduzäer, die, wie es scheint, an der alten hebräischen Vorstellung vom Hades als postmortalem Wohnort der menschlichen Schattenwesen festhalten. Die Lehre von der Auferstehung des Leibes lehnen sie ab. Um die Unlogik und Widersprüchlichkeit dieser Lehre aufzuzeigen, schlagen sie die Erörterung eines Rechtsfalles vor. Es geht um die wiederholten Ehen einer Frau; jeder ihrer sieben nacheinander geheirateten Ehemänner – es handelt sich um sieben Brüder – stirbt. Wessen Frau wird sie bei der leiblich verstandenen Auferstehung von den Toten sein? Hat nicht jeder der sieben Brüder Recht darauf, Kinder zu zeugen? Der Rechtsfall ließe sich wahrscheinlich dahingehend lösen, daß die Frau nach der Auferstehung die Ehefrau allein ihres ersten Ehemannes sein und mit diesem zahlreiche Nachkommenschaft zeugen würde. Doch auf eine solche Diskussion läßt sich Jesus nicht ein. Er erklärt vielmehr, daß es im Jenseits keine Ehe gebe. Die von Gott einer neuen Existenz gewürdigten Männer und Frauen werden in engelsgleiche Wesen verwandelt; unter diesen bestehen keine ehelichen Verbindungen. Die verwandelten Menschen werden auch als «Söhne Gottes» bezeichnet, was ihre Zugehörigkeit zur göttlichen statt menschlichen Welt unterstreicht. Es folgt noch ein Beweis aus der Heiligen Schrift: Die biblische Wendung «Gott Abrahams, Gott Isaaks und Gott Jakobs» bedeute, Gott sei ein Gott der Lebenden und nicht der Toten, d. h. der im Himmel in Gottes Gegenwart lebenden Erzväter. Offenbar will Jesus sagen: Wen Gott der Aufnahme in den Himmel für würdig hält, den nimmt er sofort nach dem Tode auf. Jesus lehnt also die Vorstellung der leiblichen Auferstehung, der Rückkehr in eine Art diesseitiges Leben, ab; er vertritt jene von uns als Apotheose bezeichnete Lehre.

Apotheose und Auferstehung tauchen im Lukasevangelium als parallele Ereignisse auf, steht doch die postmortale Verwandlung in ein unsterbliches, engelsgleiches Wesen (Apotheose) neben der Rückkehr in ein diesseitiges, materielles Leben (Auferstehung). Doch lassen sich die Erzählungen von Jesu kurzzeitiger Rückkehr in die Welt der Lebendigen unschwer als legendäres und daher peripheres Überlieferungsgut erkennen; auf die Vorstellung vom Fortleben des einzelnen Gläubigen haben sie nicht eingewirkt. Für Jesus und die Gläubigen gilt dasselbe: Sie werden nach dem Tod verwandelt und leben dann in einer jenseitigen, vom Diesseits getrennten, angenehmen Welt. Wir würden sagen: Sie leben im Himmel – eine Auffassung, die zweifellos auf Jesus selbst zurückgeht.

Abschließende Überlegung über den Himmel. – Vergleichen wir die Jenseitslehre des Lukasevangeliums mit jener im Buch der Offenbarung, so wird sogleich deutlich, daß wir es mit zwei ganz verschiedenen geistigen Welten zu tun haben. Im Buch der Offenbarung begegnet uns die Welt der jüdischen und frühchristlichen Apokalyptik, ein von visionärer Erfahrung und theologischer Spekulation geprägtes Milieu, in dem sich auch der Paulus des 1. Korintherbriefs bewegt. Das Lukasevangelium dagegen entstammt einer weit schlichteren frühchristlichen Erzählkultur, deren Überlieferung dem Evangelisten schriftlich und mündlich zugeflossen ist und die er in eine gefällige literarische Form gießt.

Im Buch der Offenbarung mögen sich Gedanken aus dem Umkreis Johannes' des Täufers niedergeschlagen haben, jenes Lehrers Jesu, der die Nähe eines göttlichen Strafgerichts und die Umwandlung der Welt erwartet und seine Anhänger durch die Taufe auf dieses Ereignis vorbereitet. Vom jüdischen Fürsten Herodes Antipas in Festungshaft genommen und schließlich hingerichtet, stirbt Johannes als Märtyrer; zweifellos hat sein Tod die Spekulationen über das jenseitige Schicksal von Märtyrern gewaltig angeregt. Das Gedankengut des Täufers wird auch in Kreisen der Anhänger Jesu gepflegt; Johannes von Patmos mag einer jener Jünger des Täufers sein, die zwei religiöse Meister verehren – den Täufer und Jesus. Seine Lehre über das jenseitige Schicksal der toten Gläubigen ist kompliziert; sie läßt sich jedoch, wie wir gesehen haben, als Lehre von der leiblichen Auferstehung der gewöhnlichen Gläubigen und der seelischen Auferstehung der Märtyrer verstehen. Nur die Märtyrer sind unsterblich.

Wie heute allgemein anerkannt, gehörte Jesus selbst dem Kreis um Johannes den Täufer als dessen Schüler an. Doch muß er sich allmählich aus diesem Kreis gelöst und eine zunehmend eigenständige Lehre entwickelt haben. Diese bleibt dem Gedankengut des Täufers verpflichtet, stellt jedoch eine Vereinfachung und zugleich Konzentration dar. Von einem differenzierten jenseitigen Schicksal der Toten ist bei Jesus nicht mehr die Rede; er kennt für alle guten Menschen nur ein einziges Schicksal, das sich mit den Begriffen Verwandlung, Aufnahme in den Himmel und ewiges Leben kennzeichnen läßt. Nicht nur Märtyrer, sondern *alle* Toten (mit Ausnahme der schlechten Menschen) erwartet ein ewiges Leben. Religionsgeschichtlich gesprochen liegt hier die Erwartung von Apotheose vor.

Besonders deutlich wird Jesu Auffassung in seiner (oben referierten) Antwort auf die Sadduzäerfrage. Die ihm vorgelegte Frage elegant beiseite schiebend, verweist Jesus auf das Fehlen der Ehe im Jenseits und auf die Verwandlung der Menschen in engelsähnliche, als «Söhne Gottes» bezeichnete Wesen. Diese Charakterisierung weist Züge auf, die schon das irdische Leben Jesu selbst und seiner Anhängerschaft kennzeichnen. Jesus bleibt unverheiratet, und in seiner Gemeinde spielen Ehe und Familie keine strukturgebende Rolle. Er ist der typische Charismatiker, der sich um nichts anderes als um seine Mission kümmert; alles andere – Familien- wie Berufspflichten – ist ihm fremd und gilt ihm als schädliche Ablenkung von seinem Auftrag. Die Gläubigen werden aufgefordert, Familienbande gering zu achten und die Nachfolge Jesu hochzuschätzen. Als ein Mann von Jesus zur Nachfolge eingeladen wird (das heißt, mit ihm heimat- und familienlos durch das Land zu ziehen), darf er nicht zuvor seinen Vater begraben; nicht einmal Abschied von seiner Familie soll er nehmen (Lk 9,56–61). «Wenn jemand zu mir kommt und nicht Vater und Mutter, Frau und Kinder, Brüder und Schwestern, ja sogar sein Leben gering achtet, der kann nicht mein Jünger sein» (Lk 14,26). Die religiöse Gemeinde steht über der Familie. Auch im ewigen Leben wird es keinerlei Familienpflichten mehr geben, so daß die religiöse Tätigkeit den einzigen Lebensinhalt ausmacht und die gesamte Existenz erfüllt. Aller irdischen Bande ledig und Engeln gleich, werden sich die Seligen ganz ihrem göttlichen Herrn zur Verfügung stellen. Die Religion triumphiert über alles Irdische und läßt dies als schal und unwesentlich verblassen.

Früher Höllenglaube. – Werden die Bösen, frühchristlicher Auffassung zufolge, nach dem Tode vollständig vernichtet? Oder sind die Ungläubigen – die Gegner Christi – unsterblich, um bis in alle Ewigkeit in der Hölle gequält zu werden? Oder gibt es die alternative Möglichkeit einer zeitlich begrenzten Höllenqual, die dann doch mit der Vernichtung – einem zweiten Tod – endet? Da die neutestamentlichen Schriften die entsprechenden Lehren nicht zusammenfassen, müssen wir die Antwort aus verschiedenen Andeutungen gewinnen. In der religionsgeschichtlichen Forschung ist es allerdings bisher zu keiner Einigung gekommen, wie das Schicksal der Verdammten an jenem Ort aussieht, den das Neue Testament als Gehenna, Hades und Abyssos (Abgrund) bezeichnet.

Mit Recht können sich die meisten Deutungen auf bestimmte Bibelstellen berufen, und so liegt der Schluß nahe, daß das früheste Christentum kein kohärentes Bild vom Schicksal der Verdammten kennt; vielmehr bestehen verschiedene Konzeptionen nebeneinander, innerhalb derer die Vorstellung von ewiger Höllenstrafe nur selten vertreten ist. Nachstehend werden drei Auffassungen erläutert: die auf das Totengericht folgende Vernichtung, die vorübergehende Pein und die ewige Hölle.

Der Seher Johannes von Patmos sieht die auf das Totengericht folgende *Vernichtung der Ungläubigen* in einer Vision und schreibt diese nieder:

> Dann sah ich einen großen weißen Thron und den, der auf ihm saß; vor seinem Angesicht flohen Erde und Himmel, und es gab keinen Platz mehr für sie. Ich sah die Toten vor dem Thron stehen, die Großen und die Kleinen. Und Bücher wurden aufgeschlagen; auch das Buch des Lebens wurde aufgeschlagen. Die Toten wurden nach ihren Werken gerichtet, nach dem, was in den Büchern aufgeschrieben war.
>
> Und das Meer gab die Toten heraus, die in ihm waren; und der Tod und die Unterwelt gaben ihre Toten heraus, die in ihnen waren.

Sie wurden gerichtet, jeder nach seinen Werken. Der Tod und die Unterwelt aber wurden in den Feuersee geworfen. Das ist der zweite Tod: der Feuersee.

Wer nicht im Buch des Lebens verzeichnet war, wurde in den Feuersee geworfen. (Offb 20,11–15)

Im Himmel gibt es also Bücher: eines, das die Missetaten der Ungläubigen festhält, und ein weiteres, das Buch des Lebens, das die Namen der Gläubigen verzeichnet. Wer im Gericht nicht bestehen kann, wird vernichtet. Von ihm bleibt nichts übrig als ein Eintrag in den Büchern – falls nicht, nach dem Gericht, auch die Bücher dem Feuer übergeben werden. Dieses klare Bild wird durch eine später in den Text eingefügte und von uns eingerückte Randnotiz gestört. Der Schreiber der Randnotiz erläutert die Herkunft der vor dem göttlichen Richterthron stehenden Toten – sie kommen aus der Unterwelt und dem Meer; den Tod im Feuersee bezeichnet er (mit Recht) als «zweiten», nämlich endgültigen Tod. Daß auch Tod und Unterwelt in den Feuersee geworfen werden, ist wohl Spekulation desselben Schreibers.

Die Konzeption einer *vorübergehenden Höllenqual* könnte in dem bereits angeführten Gleichnis vom reichen Prasser und vom armen Lazarus vorliegen. Das Geschick des Reichen wird so beschrieben:

Auch der Reiche starb und wurde begraben. In der Unterwelt, wo er qualvolle Schmerzen litt, blickte er auf und sah von weitem Abraham, und Lazarus in seinem Schoß. Da rief er: Vater Abraham, hab Erbarmen mit mir und schick Lazarus zu mir; er soll wenigstens die Spitze seines Fingers ins Wasser tauchen und mir die Zunge kühlen, denn ich leide große Qual in diesem Feuer. (Lk 16,22–24)

Die Szene hat man sich wohl so vorzustellen, daß es in der Unterwelt, wo die Toten hingelangen, zwei Abteilungen gibt: eine für die guten und eine für die schlechten Menschen. In der Abteilung für die Schlechten herrschen große Hitze und Mangel an kühlem Trinkwasser. Die Geschichte vom Armen und vom Reichen zielt nur auf den Gegensatz zwischen den beiden Schicksalen im Jenseits; ob die Erzählung eine mögliche Fortsetzung hat oder haben kann, bleibt außerhalb des Blickfeldes. Eine Deutungsmöglichkeit ist, daß sich beide, arm und reich, an einem Jenseitsort befinden, wo die Toten des Endgerichts harren. Vor dem Hintergrund der johanneischen Vision hieße das: Der Böse wird in den Feuersee geworfen und erleidet den zweiten, endgültigen Tod.

Die Schilderung der dritten Vorstellung – der *ewigen Höllenqualen* – ist auf das Buch der Offenbarung beschränkt. Sie gilt dort nicht für alle Ungläubigen, sondern nur für übermenschliche Mächte und bestimmte Menschen, die sich besonderer Sünde schuldig gemacht haben. Nach einer Vision des Sehers von Patmos wird es einen großen Krieg geben, innerhalb dessen Satan die Feinde Gottes zu einem großen Heer formiert und gegen die in Jerusalem versammelte christliche Gemeinde führt. Dann offenbart sich dem Seher folgende Szene:

> Sie [die Feinde] schwärmten aus über die weite Erde und umzingelten das Lager der Heiligen und Gottes geliebte Stadt. Aber Feuer fiel vom Himmel und verzehrte sie. Und der Teufel, ihr Verführer, wurde in den See von brennendem Schwefel geworfen, wo auch das Tier und der falsche Prophet sind. Tag und Nacht werden sie gequält, in alle Ewigkeit. (Offb 20,9–10)

Johannes unterscheidet zwei Arten von endgültigem Schicksal: Während ein vom Himmel fallendes Feuer das feindliche Heer vernichtet, wird der Teufel (Satan) in einen brennenden See geworfen und dort in alle Ewigkeit gequält. Gleichzeitig teilt der Seher mit, wer sich außerdem noch in dem See befindet: «das Tier und der falsche Prophet»; anders als Satan sind dies Menschen – auch das Tier. In der Sprache der Johannesoffenbarung verbirgt sich hinter dem Tier der christenfeindliche römische Kaiser, vielleicht Claudius (der die Christen im Jahre 49 aus Rom verweist) oder Nero (der im Jahre 64 die Gläubigen für die große Feuersbrunst in Rom verantwortlich macht); der «falsche Prophet» dagegen ist ein namentlich unbekannter frühchristlicher Führer, der – offenbar aus staatsfreundlicher, liberaler Haltung – die göttliche Verehrung des römischen Herrschers zulassen will und den Zorn einer (kleinen?) Gruppe «rechtgläubiger» Christen auf sich zieht. Nach der Johannesoffenbarung droht die ewige Höllenstrafe auch jenen Christen, die den römischen Kaiserkult vollziehen (Offb 14,9–11).

Die Vorstellung von einem differenzierten negativen Schicksal ist auf das Buch der Offenbarung beschränkt. Dagegen sieht das Matthäusevangelium ein einheitliches Schicksal aller bösen Mächte vor, wenn der Weltenrichter ruft: «Weg von mir, ihr Verfluchten, in das ewige Feuer, das für Satan und seine Engel bestimmt ist!» (Mt 25,41) Im ewig brennenden Feuer werden transzendente Mächte (Satan und seine Engel) ebenso vernichtet wie die der Verdammung anheimfallenden Menschen; nicht von ewiger Qual ist hier die Rede, sondern vom zweiten Tod.

Eine soziologische und kulturgeschichtliche Betrachtungsweise vermag zu einem besseren Verständnis der neutestamentlichen Höllenvorstellungen beizutragen. Daß in charismatischer Gottesnähe lebende Menschen ihre Gegner als Feinde Gottes betrachten und sie in die Hölle wünschen, liegt nahe. Zur Unbarmherzigkeit der drohenden Höllenqual trägt das Gewicht einer alten Tradition bei, die das Christentum in seinem alttestamentlichen Erbe vorfindet. Das von fremden Völkern kolonialisierte Israel sehnt sich seit Jahrhunderten nach einer Änderung der politischen Verhältnisse und erwartet – traditionsgemäß – die Bestrafung und Vernichtung seiner Feinde. Man ersehnt den Tag, an dem Jahwe den Sieg herbeiführt: «An jenem Tag wird Jahwe hoch droben das Heer in der Höhe [d.h. die bösen Geister] zur Rechenschaft ziehen, und auf der Erde die [feindlichen] Könige der Erde. Sie werden zusammengetrieben und in eine Grube gesperrt; sie werden ins Gefängnis geworfen, und nach einer langen Zeit wird er sie strafen» (Jes 24,21–22). Die Frommen Israels, verstärkt durch bekehrte Heiden, werden Jahwe auf dem Zionsberg verehren; die Verdammten werden ins Hinnomtal gestoßen, einem vor den Toren Jerusalems liegenden Ort der Feuerstrafe und Verwesung (Jes 66,18–24). Aus diesen überlieferten Stoffen ist die Hölle gesponnen, wobei das Hinnomtal (hebräisch Ge Hinnom) in der traditionellen jüdischen und neutestamentlichen Bezeichnung der Hölle als Gehenna fortlebt.

II. Jenseitsglaube im Zeitalter der Seele

1. Heiden und Christen über das Schicksal der Seele

Im 3. und 4. Jahrhundert setzt sich das Christentum im Mittelmeerraum immer mehr durch und beginnt, sich einen ansehnlichen Platz neben dem angestammten «Heidentum» – den traditionellen Religionen – zu erobern. Gleichgültig, ob man diese Epoche aus dem religiösen Blickwinkel des Christentums, der politischen Organisation oder der heidnischen Kultur betrachtet, stets wird dieselbe Struktur deutlich: Es handelt sich um den Herbst des antiken, griechisch-römischen Zeitalters und gleichzeitig um den Aufstieg des Christentums, das, zunächst verfolgt und verachtet, zur staats- und kulturtragenden Macht aufsteigt. Den Übergang bildet das 4. Jahrhundert, in welchem christliche Kaiser an die Spitze des Römischen Reichs treten, und christliche Theologen wie Eusebius, Johannes Chrysostomus, Ambrosius und Augustinus das geistige Leben der Kirche bestimmen. Christen und Heiden leben in engem Kontakt und beschäftigen sich auch mit der anderen Religion. Gewiß bietet die Auseinandersetzung um die Verehrung der angestammten heidnischen Götter und das Darbringen von Tieropfern Stoff für beiderseitige Polemik. Wenn die Rede auf das Thema des Lebens nach dem Tode kommt, können sich Christen und Heiden allerdings rasch einig werden, denn es gibt praktisch keinen Unterschied zwischen ihren Auffassungen vom Wesen des Menschen und seinem ewigen Schicksal.

In folgenden Punkten stimmen christliche Überzeugung und heidnische Lehre überein:
1. Der Mensch besitzt eine unsterbliche, vom Körper zu unterscheidende Seele.
2. Diese trennt sich im Tod vom Körper. Wird sie von höheren Mächten privilegiert, steigt sie in den Himmel auf – einen überirdischen, jenseits des Fixsternhimmels liegenden Ort.

3. Die im Himmel lebenden Seelen sind glücklich, weshalb sie griechisch als *makarioi*, lateinisch als *beati* – als Glückliche oder Glückselige oder kurz als Selige – bezeichnet werden.
4. Das Glück besteht in der Wiedervereinigung mit den bereits verstorbenen Freunden und Vorfahren.
5. Nach anderer Auffassung kommt es zu einer dauernden Begegnung der Seele mit Gott.
6. Die Bösen erwartet im Jenseits eine – möglicherweise ewige – Strafe.

Diese Lehre kommt uns recht bekannt vor, entspricht sie doch jener Überzeugung, die uns heute noch Katechismen und Lehrbücher der Dogmatik vermitteln. Interessanterweise ist diese Lehre dem Neuen Testament nur wenig verpflichtet. Die Tatsache eines Lebens nach dem Tode ist gewiß neutestamentlich, und auch die postmortale Begegnung des Menschen mit Gott läßt sich in der frühchristlichen Literatur nachweisen. Doch der nun ganz ins Zentrum rückende Seelenbegriff ist überraschend. Wie konnte er im Christentum populär werden, obwohl er im Neuen Testament nur am Rande vorkommt und unscharf bleibt? Für eine Antwort können wir auf zwei grundlegende Erkenntnisse der kirchen- und dogmengeschichtlichen Forschung zurückgreifen. Die erste hier einschlägige Erkenntnis besagt, daß Neues Testament und kirchliche Lehre zu unterscheiden sind; die neutestamentlichen Schriften sind ihrem Wesen nach frühjüdische Sektenliteratur, die kirchliche Lehre ist eine spätere Bildung. Die zweite Einsicht der Forschung benennt mit der spätantiken griechischen Philosophie eine weitere Grundlage der kirchlichen Lehrbildung. Die Schaffung eines einheitlichen Lehrbestandes ist «ein Werk des griechischen Geistes auf dem Boden des Evangeliums» (Harnack). Der Seelenbegriff stellt nur eine der bemerkenswerten Anleihen aus dem Heidentum dar. Tatsächlich läßt sich die damals geformte Lehre vom Leben nach dem Tod als Summe heidnischen und christlichen Denkens verstehen.

Die nachfolgende Darstellung orientiert sich an den bereits genannten Übereinstimmungen von heidnischer und christlicher Überzeugung und versucht, die Eigenart der sich bildenden kirchlichen Lehre anhand von Quellenbelegen zu verdeutlichen.

Die unsterbliche Seele. – Die im Zeitalter der Kirchenväter geschaffene Anthropologie (die Lehre vom Menschen) ist durch den Begriff der unsterblichen Seele bestimmt. Damit finden die Christen Anschluß an eine vielstimmige, von der Philosophie Platons bestimmte Überlieferung. Unter den gebildeten Nichtchristen besitzt die Lehre von der Unsterblichkeit der Seele sowohl Gegner als auch Anhänger: Epikur und die Stoiker lehnen die Lehre ab, während alle Anhänger Platons sie unterstützen; die letzteren dürften in der Überzahl sein. Für Origenes (185–253) steht fest: «Nicht allein bei Christen und Juden, sondern auch bei vielen Griechen und Barbaren (d.h. Nichtgriechen) herrscht der Glaube, daß die menschliche Seele nach ihrer Trennung vom Körper fortbesteht und lebt» (*Gegen Celsus* 7,5). Im Lichte der Seelenlehre werden die Schriften der Bibel gelesen, und manche Kopisten verdeutlichen das Schicksal Christi mit Hilfe des Seelenbegriffs: «Seine Seele (*psyche*) wurde nicht im Hades gelassen, sein Leib schaute die Verwesung nicht» (Apg 2,31 – erst der modernen Textkritik gilt diese Lesart als zweitrangig). Die Unterscheidung von sterblichem Leib und unsterblicher Seele gehört zum spätantiken Gemeingut.

Doch übernehmen die christlichen Autoren mit der Lehre von der unsterblichen Seele nicht alle mit dem Seelenbegriff der griechischen Philosophie verknüpften Vorstellungen. Anders als den Philosophen gilt ihnen die Seele nicht als ihrem Wesen nach unsterblich, sondern deshalb, weil Gott ihr Unsterblichkeit verleiht. Einen weiteren Unterschied markiert die Herauslösung des Seelenbegriffs aus seinem ursprünglichen Zusammenhang mit der von den Christen nicht übernommenen Reinkarnationslehre. Die Theologen sprechen also nicht unbedacht von der menschlichen Seele, sondern formen diesen Begriff nach ihrer Auffassung um. Wie aus Tertullians *Apologeticum* (geschrieben 197) hervorgeht, schlägt ihnen auch Widerstand entgegen: Wenn ein heidnischer Philosoph behauptet, aus einem Maulesel werde nach dessen Tod ein Mensch und aus einer Frau eine Schlange, so flößt er Glauben ein und erhält Beifall. Anders die Reaktion auf den christlichen Redner: Wenn dieser sagt, Gaius werde nach dessen Tod als Gaius wiederkehren, so wird er angerempelt und mit Steinwürfen fortgejagt. Tertullian selbst bedient sich des Seelenbegriffs und hält ihn für grundlegend, doch lehnt er – wie alle christlichen Denker – die damit auf heidnischer Seite verbundene und offenbar durchaus populäre Reinkarnationsvorstellung ab. Der Glaube an Reinkarnation ist in der antiken Welt tatsächlich weit verbreitet und gehört zu den Grundüberzeugungen z. B. des Manichäismus. (Dieser Religion hat sich Augustinus angeschlossen, bevor er zum katholischen Glauben fand. So dürfen wir vermuten, daß auch einer der größten christlichen Denker einige Zeit dem Glauben an die Seelenwanderung aufgeschlossen gegenüberstand.)

Der Himmel als Ort des ewigen Lebens. – Der Himmel gilt als hoch über der Erde liegender Ort. Nach populärem Verständnis ist die Erde eine Scheibe, über welcher sich, einem Stockwerk vergleichbar, der Himmel erhebt. Die anspruchsvollere Kosmographie der Gebildeten hingegen sieht die Erde als eine im Zentrum des Weltalls ruhende, von Mond, Sonne und Planeten umkreiste Kugel. Umschlossen wird das Weltall von einem Firmament, an dem die Fixsterne angebracht sind. Jenseits des Firmaments befindet sich aber die Welt der Götter. Dieses Bild geht auf griechische Philosophen zurück; von Aristoteles (um 350 v. Chr.) und Ptolemäus (um 150 n. Chr.) ausgearbeitet, ist es als ptolemäisches Weltbild in die Geschichte eingegangen.

Für die Theologie ist die antike Kosmographie in ihrer populären wie in ihrer anspruchsvollen Form insofern von Bedeutung, als sie die Lokalisierung der göttlichen Welt ermöglicht. Allerdings bemühen sich die christlichen Denker nur selten um kosmographische Probleme. Augustinus (354–430) streift das Thema in seinem Kommentar zur biblischen Schöpfungsgeschichte. Der Wortlaut der Bibel, so meint er, scheine die volkstümliche Auffassung zu bestätigen, doch ließen sich die Texte auch anders verstehen und mit der ptolemäischen Sicht vereinbaren. Eine nähere Untersuchung der Frage lohnt nicht, erfordert sie doch «einen Aufwand an kostbarer Zeit, die für heilsamere Dinge zu verwenden wäre» (*De Genesi ad litteram* 2,9). Die Frage, wo genau der Himmel im Weltgebäude liegt, bleibt für

1. Heiden und Christen über das Schicksal der Seele

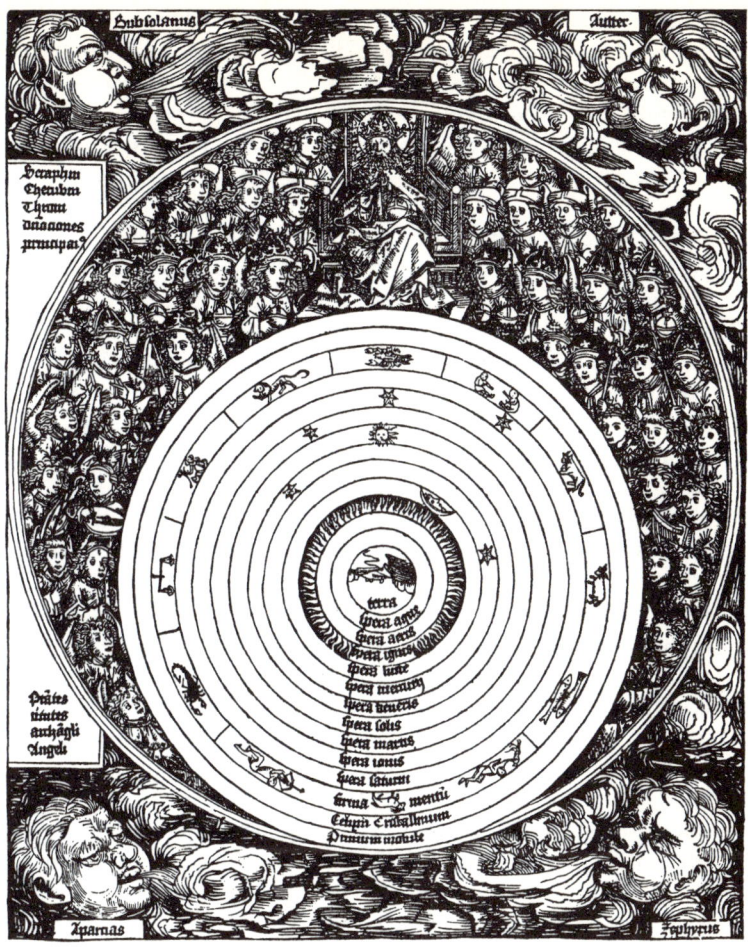

Die Erde im Mittelpunkt, das Universum vom Himmel
als dem Ort der Seligen umschlossen: Diese Auffassung ist in Antike
und Mittelalter weit verbreitet. Schedelsche Weltchronik, 1493

Augustinus ohne Interesse. Wie viele seiner heidnischen Zeitgenossen ist er der Meinung, der Himmel sei der Ort des postmortalen Lebens. Schon bei Cicero heißt es (im *Traum des Scipio*): «Allen, die ihr Vaterland gerettet, unterstützt, gefördert haben, ist *im Himmel* ein sicherer Platz bestimmt, wo sie glücklich (*beati*) ein ewiges Leben genießen sollen.»

Die Toten als «Selige». – Eine weitere Übereinstimmung von heidnischer und christlicher Auffassung zeigt sich in der Bezeichnung der Toten als «Selige». Dieses uns noch heute geläufige Wort ist die Wiedergabe des griechischen *makarioi* und des lateinischen *beati*, von Wörtern also, die auf die Glückseligkeit der Toten im Himmel verweisen. Die Geschichte dieser Wortprägung ist aufschlußreich. Nach griechischer Vorstellung sind zunächst allein die Götter und Heroen (Halbgötter) die «Glückseligen», und für die auf Erden lebenden unsterblichen Halbgötter werden die «Inseln der Seligen» zum ewigen Aufenthaltsort bestimmt. Allmählich setzt sich die Meinung durch, nicht nur die Heroen könnten in den Genuß elysischer Existenz kommen. Durch einen Prozeß der «Demokratisierung» werden die Inseln der Seligen (*makaron nesoi* – Inseln der Glücklichen) wenn nicht allen, so doch vielen zugänglich, und die Toten insgesamt werden als «Selige» (*makarioi*) bezeichnet, eine sich bereits bei Platon (*Nomoi* 947 E) abzeichnende Redeweise.

Offenbar haben alle Mitglieder der frühen christlichen Gemeinde ein positives Jenseitsgeschick erwartet, war doch ein solches bereits in der Jesusüberlieferung angedeutet. Die neutestamentliche Bezeichnung «Selige» (*makarioi*) für die Christen bezieht sich oft auf die Verheißung himmlischen Glücks oder stellt Verstorbene als im Besitz immerwährenden Glücks dar: «Selig (*makarioi*) seid ihr, wenn ihr um meinetwillen beschimpft und verfolgt und auf alle mögliche Weise verleumdet werdet. Freut euch und jubelt: Euer Lohn im Himmel wird groß sein» (Mt 5,11–12). «Selig (*makarioi*) die Toten, die im Herrn sterben!» (Offb 14,13). Die später als die neutestamentlichen Schriften entstandene christliche Literatur folgt diesem Sprachgebrauch. Verstorbene Presbyter, «deren Heimgang reich an

Frucht und vollkommen war», werden im 1. Klemensbrief des Jahres 96 als «Selige» bezeichnet (1 Klem 44,5). Der um 155 entstandene Martyriumsbericht des Polykarp von Smyrna legt dem hingerichteten Bischof das Attribut des «Seligen» (*makarios*) bei, und ein von Eusebius (*Kirchengeschichte* 5,1,4) angeführtes Zeugnis spricht von den «seligen Märtyrern». Wenn es auch scheinen will, als werde dieses Attribut zunächst überwiegend für Märtyrer verwendet, so gelten doch alle verstorbenen und in den Himmel aufgenommenen Gläubigen als «Glückselige». Das christliche Totenreich – der Himmel – ist die Welt der Glückseligen oder kurz: der Seligen.

Das Wiedersehen der Freunde. – Worin besteht das Glück der Seligen? Auch in der Beantwortung dieser Frage sind sich Christen und Heiden der spätantiken Kultur einig, verweisen doch beide auf das himmlische Wiedersehen mit Freunden, Verwandten und Vorfahren.

Auf heidnischer Seite finden sich für diese Vorstellung eindrucksvolle Belege im Werk bekannter Autoren. Nach Platons *Apologie des Sokrates* freut sich der zum Tode verurteilte Philosoph darauf, im Jenseits berühmte Männer wie Orpheus, Musäus, Hesiod und Homer zu treffen. Mehrfach greift der römische Redner und Schriftsteller Cicero das Thema auf, so in seiner Schrift *De senectute* (Über das Greisenalter) und in *De re publica* (Über den Staat). Das letztgenannte Werk schließt mit der berühmten Schilderung vom Traum Scipios. Der römische Staatsmann Scipio, so lesen wir dort, hatte einst einen Traum. Er sah sich in den Himmel versetzt und sprach mit zwei Ahnherren, wobei ihn besonders sein eigener Vater beeindruckte: «Als ich ihn sah, vergoß ich einen Tränenstrom; er aber umarmte mich, küßte mich und wehrte meinen Tränen.» Der Himmel, wie ihn der platonische Sokrates und Ciceros Scipio erleben, entspricht keiner «demokratischen» Auffassung des Jenseits, denn er ist offenbar nur außerordentlichen Menschen zugänglich – denen, die sich um Philosophie, Literatur und Politik verdient gemacht hatten. Nach weit verbreiteter Auffassung bleibt der Himmel den hervorragenden Persönlichkeiten vorbehalten; für das gewöhnliche Volk gibt es den Hades – es sei denn, man hätte sich in einen Mysterienkult einweihen lassen. Als ein solcher aber galt die Kirche.

Ein erster christlicher Hinweis auf ein himmlisches Wiedersehen findet sich in einem Bericht über die blutige Christenverfolgung des Jahres 203 im nordafrikanischen Karthago. Der unter dem Namen *Passio Perpetuae et Felicitatis* (Leidensgeschichte von Perpetua und Felicitas) überlieferte Martyriumsbericht enthält das Gefängnistagebuch der gebildeten nordafrikanischen Christin Perpetua und des Saturus. Vor ihrer Hinrichtung erleben beide Träume und Visionen, in denen sie sich bereits in den Himmel versetzt sehen. Am ausführlichsten wird der Traum des Saturus wiedergegeben. Von vier Engeln sieht er sich und Perpetua von der Erde zum Himmel emporgetragen. Dort angekommen, erkennt Saturus, daß sie an jenem von Christus verheißenen Ort angelangt sind. Von den Engeln niedergesetzt, durchschreiten sie einen weiten Lustgarten, in dem sie weitere, schon vorausgegangene Märtyrer treffen: «Dort fanden wir den Jocundus, den Saturninus und den Artaxius, die in derselben Verfolgung lebendig verbrannt worden waren, und den Quintus, der im Kerker gestorben war. Wir fragten sie, wo die übrigen seien. Doch die Engel sprachen zu uns: Kommt und tretet ein, den Herrn zu begrüßen!»

Vor den göttlichen Thron geführt, werden Perpetua und Saturus von Gott herzlich empfangen. Wieder entlassen, treffen sie auf weitere Himmelsbewohner: «Wir wurden gerührt und umarmten sie. Perpetua redete griechisch mit ihnen und wir gingen mit ihnen in den Lustgarten unter einen Rosenbaum.» So geht es fort: «Wir erkannten dort viele Brüder, auch Märtyrer; wir alle wurden mit einem unbeschreiblichen Wohlgeruch erfüllt, der uns sättigte.» Von angenehmen Gefühlen überwältigt, erwacht der gefangene Saturus von seinem Traum.

In Nordafrika trösten sich nicht nur Märtyrer wie Saturus und Perpetua mit der Aussicht auf ein Wiedersehen im Himmel. Eine Generation nach ihnen – es herrscht immer noch Christenverfolgung – hören wir dieselbe Botschaft aus dem Munde von Bischof Cyprian von Karthago (*Über die Sterblichkeit*, ca. 253):

Als unsere Heimat betrachten wir das Paradies, unsere Eltern haben wir in den Patriarchen zu sehen begonnen. Warum eilen und laufen wir dann nicht, um unsere Heimat zu sehen, um unsere Eltern begrüßen zu können? Eine große Anzahl von Lieben erwartet uns dort, eine stattliche, mächtige Schar von Eltern, Geschwistern und Kindern sehnt sich nach uns, um die eigene Rettung bereits unbesorgt und nur um unser Heil bekümmert. Unter ihre Augen, in ihre Arme zu eilen, welch große Freude für uns und sie zugleich! Welche Wonne dort im himmlischen Reiche, wenn kein Tod mehr schreckt, welch hohes, dauerndes Glück, wenn das Leben nie endet! ... Zu ihnen, geliebteste Brüder, laßt uns mit gierigem Verlangen hineinein!

Wie Perpetua und Saturus verfügt auch Bischof Cyprian über eine höhere heidnische Bildung und damit über eine genaue Kenntnis paganer Vorstellungen über das Leben nach dem Tod. Diese Vorstellungen schienen ihnen ohne weiteres mit ihrer christlichen Überzeugung vereinbar zu sein. So zeigt sich noch einmal deutlich, daß sich der Jenseitsglaube der Christen von dem der Heiden im Römischen Reich nicht unterscheidet. Selbst die für den heidnischen Glauben typische elitäre Bevölkerung des Jenseits ist in den christlichen Zeugnissen noch erkennbar, nur daß es sich in diesem Falle um Märtyrer und nicht um Persönlichkeiten des politischen und kulturellen Lebens handelt. Der Glaubensheld ist an die Stelle des politischen und intellektuellen Helden getreten. Die von Cyprian erwähnte «mächtige Schar von Eltern, Geschwistern und Kindern» verweist jedoch auch auf die Überwindung der elitären Konzeption: Der Himmel steht allen Gläubigen offen, nicht nur den Märtyrern. Nicht zuletzt nach Ausweis der frühchristlichen Grabinschriften ergibt sich ein gegenüber dem Heidentum neues Bild: Die verstorbenen Christen gehen zu einer großen Schar von Seligen, Gerechten, Erwählten und Heiligen (*beati, iusti, electi, sancti*), «während die heidnischen Toten derselben Zeit die elysischen Gefilde ziemlich einsam durchwandern» (Bremmer).

Nähe zu Gott. – Der Hinweis auf ein Wiedersehen mit Verwandten und Freunden gibt noch keine erschöpfende Antwort auf die Frage, worin die Seligkeit des Himmels besteht. Eine zweite, alternative Antwort zeigt in ganz andere Richtung: *Nicht mit Menschen will man vereinigt werden, sondern mit Gott.* Schon im diesseitigen Leben kann dem Philosophen die seelische Abwendung von der Welt und der Aufschwung seiner Seele zu Gott gelingen. Im Jenseits erhofft man sich die Vollendung dieser Bemühung. Zahlreiche heidnische wie christliche Denker der Spätantike sehen es als besonderes Privileg der Denker an, im Jenseits der Nähe Gottes gewürdigt zu werden. Als höchstes Ziel gilt die dadurch entstehende Verähnlichung mit Gott.

Solches Gedankengut geht auf den griechischen Philosophen Platon zurück. In seinem Dialog *Phaidon* lehrt er ein dreifaches Schicksal der Seele nach dem Tod: Die unheilbar schlechten Seelen bleiben für immer im Tartaros, der Hölle, gefangen; die gewöhnlichen Seelen kehren auf die Erde zurück und inkarnieren sich erneut; die Seelen der Philosophen aber, wenn sie rein genug sind, bleiben von der Wiederverkörperung ausgeschlossen. Körperlos steigen sie in die geistige Welt auf. Wie diese geistige Welt beschaffen sei, verrät Platon in seinem Dialog *Phaidros* (246 A–248 B). Dort spricht er von zwei Himmeln: einem materiellen und einem geistigen Ort. Die Götter leben im materiellen Himmel, doch können sie bisweilen, unter der Führung des Göttervaters Zeus, in pferdebespannten Wagen in den geistigen Himmel hinauffahren. Dort genießen sie den seligen Anblick der ewigen Ideen und ergehen sich auf dem Gefilde der Wahrheit.

In der Antike wird Platons Lehre wiederholt aufgegriffen und religiös gedeutet, so beispielsweise von dem jüdischen Philosophen Philon von Alexandrien (20 v.–45 n. Chr.). Die menschliche Seele vermag nach dem Tod in den Himmel zu gelangen und sich den unkörperlichen Bewohnern der jenseitigen Welt, den Engeln, zuzugesellen. Verfügt sie über genügend philosophische Übung, vermag sie noch weiter aufzusteigen und in die Welt der ewigen Ideen zu gelangen. Aber auch damit ist noch nicht die höchste Stufe erreicht, denn jenseits der Ideen weilt Gott selbst, doch eine Gemeinschaft mit ihm will selten gelingen. So gibt es bei Philon einen dreifachen Himmel: einen unteren Himmel der Engel und der gewöhnlichen Toten; einen mittleren Himmel der besonders Privilegierten (Philon ordnet die biblische Gestalt Henochs dieser Gruppe zu); und einen oberen, dritten Himmel der Gemeinschaft mit Gott selbst. Nach Philon läßt sich allein Mose diesem dritten Himmel zuordnen.

Philons enger Anschluß an platonisches Gedankengut zeigt sich besonders in der Reinkarnationslehre. Nicht allen Seelen will der Aufstieg in den Himmel und der Verbleib dort gelingen. Von den Seelen «eilen diejenigen, die sich nach der Verwandtschaft und Vertrautheit mit dem sterblichen Leben sehnen, wieder zurück» (Philon, *Über die Träume* 1,139). Sie werden also ein weiteres, irdisches Leben durchlaufen – nach Philon keineswegs ein erstrebenswertes Schicksal.

Ähnlich wie der jüdische Religionsphilosoph denken und schreiben auch heidnische und christliche Denker über das postmortale Geschick der Seele. So auf heidnischer Seite der in seinen späteren Jahren am römischen Kaiserhof tätige Platoniker Plotin (205–270). Christlicherseits ist vor allem Plotins Zeitgenosse Origenes zu nennen, Autor der ersten umfassenden Darstellung der christlichen Glaubenslehre. Das postmortale Schicksal der Seele beschreibt er als stufenweisen Aufstieg zu Gott. Unmittelbar nach dem Tod gelangt die menschliche Seele an einen Ort, der sich auf der Erde befindet: das Paradies; dies ist die Stätte der Vorbereitung. Dazu führt Origenes aus:

> Ich glaube nämlich, daß alle Heiligen, wenn sie aus diesem Leben scheiden, an einem Ort auf der Erde weilen, den die Heilige Schrift Paradies nennt, gleichsam eine Stätte der Erziehung und sozusagen in einem Hörsaal, einer Schule der Seelen. Dort werden sie über alles, was sie auf der Erde gesehen haben, belehrt, und sie erhalten auch Hinweise auf das Folgende, Bevorstehende, so wie sie in diesem Leben Hinweise auf das Bevorstehende, wenn auch nur ‹durch einen Spiegel und in einem dunklen Wort› bekommen hatten – Dinge, die dann deutlicher und klarer an ihrem Ort und zu ihrer Zeit offenbart werden. (*De principiis*, Buch 2)

Origenes stellt sich das Paradies und die auf dieses folgenden höheren Stufen des Jenseits als eine Art Akademie oder Universität vor, wo die Seelen zunächst von Engeln und, auf höherer Stufe, von Christus selbst unterwiesen werden. Erst der höchste Himmel schafft den eigentlichen Kontakt zu Gott, doch auch hier rechnet Origenes noch mit weiterer Ausbildung, weiterem Lernen und weiterem Fortschritt in der Wissenschaft. In einem ununterbrochenen, immer größere Höhen erreichenden Lernprozeß vollzieht sich die Annäherung an Gott. Wie Platon und Philon äußert sich auch Origenes nicht über die Begegnung mit Gott selbst. Auch in seiner theozentrischen Jenseitsschilderung bleibt hier eine Lücke, die ihrem Wesen nach nicht geschlossen werden kann. Die Begegnung mit Gott entzieht sich der Anschaulichkeit und damit auch der Beschreibung.

Höllenstrafe. – Im Winter 1886/87 stießen französische Archäologen in Achmim, Ägypten, auf das Grab eines Mönchs, der im 8. oder 9. Jahrhundert gelebt haben muß. Beigegeben war dem Leichnam ein kleiner, religiöse Texte in griechischer Sprache enthaltender Pergamentkodex. Einer der Texte ist heute als «Petrusoffenbarung» (Petrusapokalypse) bekannt und gilt in der Forschung als Fragment einer aus dem 2. Jahrhundert stammenden christlichen Schrift. Beschrieben wird nicht nur das Aussehen der Seligen im Himmel, sondern auch die in der Hölle zu erleidende Strafe. Strafengel in schwarzen Gewändern sorgen dafür, daß die Verdammten ohne Pause geplagt werden. Etliche sind an der Zunge aufgehängt; unter ihnen lodert feurige Glut, um sie zu quälen; sie werden als jene bezeichnet, die in ihrem irdischen Leben den christlichen Glauben gelästert haben. In einem See brennenden Schlamms stecken Menschen, die sich von der Kirche abgewandt hatten. An ihren Füßen aufgehängte ehebrecherische Männer rufen: «Wir hätten nicht geglaubt, an diesen Ort zu kommen.» Mörder und ihre Mitwisser werden in eine Schlucht voll giftigen Gewürms geworfen – und so geht es Seite um Seite weiter. Alle Elemente, welche die mittelalterliche und neuzeitliche Phantasie mit dem Begriff der Hölle verbindet, sind bereits hier versammelt.

Der christliche Verfasser der Petrusoffenbarung hat das von ihm geschilderte höllische Strafszenario nicht erfunden, sondern

1. Heiden und Christen über das Schicksal der Seele

schöpft aus einem reichen Schatz antiker Überlieferung. Die Höllenschilderung erinnert an jenen Strafort, den der römische Dichter Vergil schildert:

> Wer seinen Vater geschlagen, mit Trug umgarnt seinen Schützling,
> Wer nur einsam für sich auf erworbenen Schätzen gebrütet
> Und keinen Teil den Seinen gereicht – und das sind die meisten –,
> Männer sodann, erschlagen im Eh'bruch, wer ruchlosen Waffen
> Folgte, wer sich nicht gescheut, dem Herren die Treue zu brechen:
> Alle sie harren im Kerker der Strafe ...
> Mächtige Felsen wälzen die einen; in Speichen der Räder
> Hängen andre geflochten ...
> Nein, wenn hundert der Zungen und hunderte Kehlen ich hätte,
> Eisern die Stimme, ich könnte nicht alle die Formen der Frevel
> Fassen, ich könnte nicht alle die Namen der Strafen berichten.
> (*Aeneis* 6, 608–627, übersetzt von W. Plankl)

Die heidnische Hölle unterscheidet sich auf den ersten Blick kaum von der christlichen. Nur einige Einzelheiten sind an die christliche Lehre angepaßt: Vergils Furien sind zu Strafengeln geworden, und zum heidnischen Sündenregister treten kirchliche Sünden hinzu – die Lästerung gegen den Glauben und die Abtrünnigkeit (Apostasie) von der Kirche. Religionsgeschichtlich gesehen schöpfen Vergil und die Petrusoffenbarung aus demselben Fundus altgriechischer Überlieferung; zwar mögen noch andere, fernerliegende Traditionen mitspielen, etwa die des alten Ägypten, doch «leider bleibt es dabei, daß die Hölle eine griechische Erfindung ist» (Nilsson).

Ein genaueres Studium der griechischen und der christlichen Überlieferung führt allerdings doch auf einen großen Unterschied zwischen den beiden Traditionen. Einigen Seelen kann es gelingen, den Tartaros nach langer Zeit der Strafe zu verlassen, um, mit einem neuen Körper verbunden, auf die Erde zurückzukehren. Diese Möglichkeit der Reinkarnation wird von den Christen gewöhnlich nicht in Betracht gezogen. Für sie ist die Höllenqual ewig.

In den folgenden Kapiteln werden wir erläutern, wie sich das theologische Denken mit dem aus Himmel und Hölle bestehenden Jenseits beschäftigt hat. Wir beginnen mit der Hölle, um dann zum Himmel aufzusteigen – liegt doch die Hölle nach dem antiken und mittelalterlichen Weltbild tief unten im Erdinnern, während der Himmel hoch oben, jenseits des sternenbesetzten Firmaments lokalisiert wird.

2. Die Theologie der Hölle

Die Mythologie von den ewigen Höllenqualen und viele damit verbundene Vorstellungen werden vom christlichen Denken aller Zeiten als besonders problematisch erachtet. Die Höllenmythologie ruft nach einer Theologie, einer diesen Vorstellungskreis geistig durchdringenden Lehre. Von der Spätantike bis zur Schwelle der Neuzeit erhält die Hölle drei bedeutende theologische Interpretationen – in der alten Kirche von Origenes und Augustinus, im Mittelalter durch die Lehre von den Nebenhöllen (nämlich Fegfeuer und Limbus).

Augustinus gegen Origenes. – Der aus Ägypten stammende griechischsprachige Origenes gilt als einer der größten Theologen der Frühzeit der Kirche. Sein Werk zeigt ihn als Gelehrten von umfassender Bildung und großer Humanität. Die ewige Hölle läßt sich weder mit seiner Idee eines sittlichen Fortschritts, der jedem Menschen möglich sei, noch mit dem Willen Christi vereinbaren. Solange Menschen in der Hölle leiden, leidet auch Christus, denn «er kann nicht den Wein trinken, den er mit uns zu trinken versprochen hat» (*Sources chrétiennes* 286, 308). Die Hölle versteht Origenes daher nicht als Ort ewiger Qual, sondern als Stätte der Reinigung. Zwar müssen die Seelen nach dem Tod dorthin, doch sie leiden nur eine begrenzte Zeit, um dann, geläutert, in die Nähe Gottes aufzusteigen. Diesen Reinigungsprozeß durchlaufen *alle* Seelen, so daß schließlich alle Menschen mit Gott versöhnt werden. Eine Ausnahme stellen vermutlich nur die von Gott abgefallenen bösen Geister dar – Satan und seine Scharen; diesen wird ewige Höllenpein beschieden sein. Diese sogenannte Apokatastasis- oder Allversöhnungslehre ist schon in der alten Kirche auf vielfältigen Widerspruch gestoßen. Abgelehnt wurde sie – mehr als ein

Jahrhundert nach dem Tod des Origenes – besonders von Augustinus.

Der nordafrikanische, in lateinischer Sprache schreibende Bischof Augustinus von Hippo kennt Anhänger der platonischen Philosophie, die «nur von reinigenden Strafen nach dem Tode wissen» (*Gottesstaat* 21,13). Ein solcher Platoniker war Origenes – doch dessen Spekulation über einen die ganze Menschheit umfassenden postmortalen Reinigungsprozeß steht er ablehnend gegenüber. Anders als Origenes mildert Augustinus die Höllenlehre nicht, sondern verschärft sie. Drei besondere Auffassungen dienen dazu, der Lehre von der ewigen Hölle ein theologisches Fundament und ein scharfes Profil zu verleihen:

1. Die Verdammnis ist die Strafe nicht nur für sogenannte Todsünden, sondern auch und zuerst für die Erbsünde, die als Makel allen menschlichen Seelen anhaftet und auf den Sündenfall im Paradies zurückgeht. Aufgrund der Erbsünde werden selbst Menschen in die Hölle verbannt, die vor dem Gebrauch ihrer Vernunft als Kleinkinder sterben.
2. Es gibt Individuen, die Gott von vornherein für die Hölle vorherbestimmt hat (*Patrologia Latina* 40,533: *praedestinavit ad aeternam mortem*).
3. Die Zahl der Verdammten ist größer als die der Seligen (*Patrologia Latina* 38,642).

Augustinus stellt sich gegen jene Theologen, die aus Mitleid nicht an eine ewige Höllenpein glauben wollen, sondern meinen, alle menschlichen Seelen – und vielleicht sogar die von Gott bestraften Engel und Satan selbst – würden einmal den Qualen entrissen werden. Das ist falsche Barmherzigkeit: «Um so schmählicher ... irrt man, je milder man zu empfinden sich schmeichelt» (*Gottesstaat* 21,17).

Augustinus hat seine unbarmherzige Theologie der Hölle der Überlieferung entnommen. Nicht anders als seine Theologie insgesamt ist auch seine Höllenlehre von den Anschauungen eines anderen Nordafrikaners – des Tertullian (160–225) – geprägt. Auf der Grundlage eines strengen Rechtsdenkens – Verbrechen muß bestraft werden – vertritt Tertullian eine von Sadismus nicht ganz freie Höllenlehre: «O, wie werde ich jubeln, wie werde ich lachen, wie werde ich entzückt sein, wenn ich so viele vergötterte Kaiser ... in der tiefsten Finsternis werde klagen hören!» (*De spectaculis* 30) Wer von einem solchen Geist der Schadenfreude und Härte bestimmt ist, kann für die freundliche Spekulation des Origenes nichts übrig haben.

Augustinus, nicht Origenes, wird innerhalb der christlichen Theologie zum großen Lehrmeister der Hölle. Dennoch kann die augustinische Theologie das von Origenes aufgeworfene Problem postmortaler Reinigung nicht ganz verdrängen. Tatsächlich finden sich auch in den Schriften des Augustinus Hinweise auf die Reinigung mancher Seelen vor dem Jüngsten Gericht. Solche Gedanken greifen mittelalterliche Theologen, wenn auch vereinzelt und zögernd, auf, um daraus eine ganz neue Lehre zu entwickeln: die Lehre von den Nebenhöllen.

Die Nebenhöllen (Fegfeuer, Limbus) als Kompromiß. – Die gesamte Theologie des Mittelalters folgt der augustinischen Auffassung von der Hölle und ihren ewigen Qualen. Doch wird der Höllenglaube durch ergänzende Lehrstücke zumindest teilweise abgemildert: durch die Lehre von weniger qualvollen Jenseitsorten neben der Hölle. Eine als «Fegfeuer» (lateinisch *locus purgatorius*, «Reinigungsort») bekannte Stätte dient dazu, die minder befleckten Seelen aufzunehmen und diese in einem Reinigungsprozeß auf den Aufstieg in den Himmel vorzubereiten. Ein weiterer, Limbus («Saum», nämlich der Hölle) genannter Ort, nimmt diejenigen Seelen auf, die weder Lohn noch Strafe verdient haben. Dazu zählen vor allem die Menschen, die als Säuglinge verstorben sind, ohne die Taufe erhalten zu haben – die Taufe hätte ihnen Zugang zum Himmel bereitet. Ohne Taufe bleiben sie jedoch von der Erbsünde befleckt und daher vom Himmel ausgeschlossen. Gleichwohl kann man ihnen keine persönliche Schuld nachsagen; ewige Höllenstrafe wäre daher unangemessen. Anders als das Fegfeuer, das nach Gottes Weltgericht dereinst überflüssig sein wird und ausgedient hat, wird der Limbus als Ort verminderter Glückseligkeit in alle Ewigkeit erhalten bleiben.

2. Die Theologie der Hölle

Die klassische Schilderung dieser Jenseitsorte verdanken wir Dante Alighieri (1265–1321). Seine *Göttliche Komödie* erzählt, wie der Dichter – also Dante selbst – durch die drei Bereiche des Universums geführt wird; er besucht die Hölle (*inferno*) ebenso wie das durch den «Berg der Läuterung» dargestellte Fegfeuer (*purgatorio*) der katholischen Lehre, um schließlich zum himmlischen Paradies (*paradiso*) aufzusteigen.

Vom Limbus, dem «Rand» der Hölle, gibt Dante ein anschauliches Bild. Um dorthin zu gelangen, wird das Tor der Hölle durchschritten, über dem jenes berühmte Wort steht: *Lasciate ogni speranza, voi ch' entrate* – Laßt, die ihr eingeht, alle Hoffnung fahren! Im Limbus ist nicht nur Dantes Führer, der Dichter Vergil, zu Hause. Auch andere der Großen der Antike leben unter leisem Seufzen im Halbdunkel dieses Reichs: Homer, Sokrates, Platon, Aristoteles, Caesar und Cicero; ferner der spanisch-arabische Philosoph Averroës und Sultan Saladin (doch nicht Mohammed, den Dante in der Hölle weiß). Diese Stätte bevölkerten einst, so Dante, auch die Helden und Heldinnen des Alten Testaments – Adam und Abel, Noach und Abraham, Jakob und Rahel und Mose; doch wurden diese einst von dem ins Totenreich hinabsteigenden Christus befreit und in den Himmel überführt. Den Limbus zeichnet Dante nach dem Vorbild des Hades der antiken Überlieferung.

Der Limbus hat die katholische Theologie noch bis nahe an unsere eigene Zeit beschäftigt. Anders als Dante, der in dichterischer Freiheit den Limbus zum Ehrenort der Nichtchristen gestaltet, versetzt Bernhard Bartmann (1860–1938) hierher nicht nur, kirchlicher Tradition folgend, die ungetauften Kinder, sondern auch «die Millionen von Geistesschwachen, die nie schwer sündigen konnten, sowie auch Milliarden von solchen, die kulturell so tief stehen, daß ihnen der Begriff der höheren Sittlichkeit ganz fehlt».

Auch das Fegfeuer (*purgatorio*) hat Dante in der *Divina Commedia* durchwandert. Topographisch als Berg gestaltet und so den Aufstieg von unten – der Hölle – nach oben – dem Himmel – vermittelnd, ist es ein Ort der Versöhnung und glücklichen Wiederbegegnung. Die politischen Gegner sind ausgesöhnt, die im Leben verfeindeten Herrscher beschreiten jetzt gemeinsam den Weg der Läuterung. Dante trifft Jugendfreunde, Dichterkollegen und endlich auch seine geliebte Beatrice. Diese erkennt ihn sofort und redet ihn mit Namen an: «Dante ... Ja, schau nur her, jawohl, ich bin Beatrice!»

Die zur Hölle alternativen Jenseitsorte verdanken sich, wie vor allem Jacques Le Goff hervorhebt, juristischem Denken. Die Scholastik selbst hat sich in enger Fühlung mit der mittelalterlichen Rechtswissenschaft entwickelt und ist von deren differenziertem Sinn für Gerechtigkeit beeindruckt. Die Strafe muß stets der menschlichen Schuld entsprechen. Daher kann die ewige Höllenstrafe nur für ausgewählte, schwer gegen Gottes sittliche Ordnung verstoßende Menschen verhängt werden. Liegt eine minder schwere Schuld vor, müssen andere Wege des postmortalen Schicksals angesetzt werden. Außerdem kennt das Rechtswesen den Begriff richterlicher Milde, die vor allem dann strafnachlassend oder strafmildernd wirkt, wenn ein Verurteilter Zeichen echter Reue zeigt. Auch Gott muß ein entsprechendes Handeln zugeschrieben werden.

Theologiegeschichtlich läßt sich die Lehre von den Nebenhöllen als Kompromiß zwischen der Auffassung des Origenes und der Augustins verstehen. Dabei bleibt die augustinische Hölle zwar in ihrer ganzen Schrecklichkeit bestehen, aber die Theologie hält für viele Menschen das Fegfeuer als weniger qualvollen Leidensort im Jenseits bereit. Die Lehre vom Fegfeuer greift das Anliegen des Origenes auf – den Wunsch nach einer die Seele nicht ewig quälenden, sondern sie in begrenzter Zeit läuternden Stätte.

Die Lehre vom Fegfeuer zeitigt verschiedene Folgen. Sie dient der Verteidigung der Gerechtigkeit Gottes und beschwichtigt das Argument, die ewige Strafe sei in vielen Fällen ungerecht. Gemildert wird auch die Angst der Gläubigen vor dem Höllenschicksal. Eine nicht weniger bedeutsame Folge der mittelalterlichen Fegfeuerlehre ist wirtschaftlicher Natur. Mit ihr verbindet sich nämlich die Auffassung, besondere Handlungen Lebender könnten die Leidenszeit verstorbener Christen im Fegfeuer abkürzen. Erzielt wird dies vor allem durch priesterliches Gebet während des Meßopfers. Für dieses Gebet, das unter Namensnennung eines bestimmten Verstorbenen erfolgt, läßt sich der Priester bezahlen – und so entsteht eine neue Art von Handel, ein Geldgeschäft, das den Unterhalt von schlecht dotierten Priestern sichert und zum Luxus der bessergestellten Priesterschaft beiträgt. Daß ein solches klerikales Handelswesen alsbald Kritik auf den Plan ruft, ist leicht vorzustellen. Alle Reformatoren, aber auch Ignatius von Loyola, der Gründer des Jesuitenordens, sprechen sich im 16. Jahrhundert gegen das «Meßstipendium» und damit gegen das bezahlte Gebet aus.

Doch so gewichtige Folgen die Fegfeuerlehre auch nach sich zieht, sie ändert wenig an der Auffassung vom Höllenschicksal der Mehrzahl der Menschen. Das Konzil von Florenz bestätigt dies im Jahre 1442: Die Kirche «glaubt fest, bekennt und verkündet, daß niemand, der sich außerhalb der katholischen Kirche befindet, nicht nur keine Heiden, sondern auch keine Juden oder Häretiker und Schismatiker, des ewigen Lebens teilhaftig werden können, sondern daß sie in das ewige Feuer wandern werden».

3. Gott im Mittelpunkt

Zwei gegensätzliche Auffassungen beherrschen die Geschichte des Himmelsglaubens: Der Himmel entspricht entweder vornehmlich einer idealisierten menschlichen Welt oder dem Reich Gottes. Anhänger beider Parteien haben immer wieder anschauliche Bilder beschworen, um ihre Sicht zu verdeutlichen. Im «anthropozentrischen» Himmel wohnen alle Seligen in ihren vornehmen Behausungen; von Kindern und Freunden besucht, führen sie ein vollkommenes gesellschaftliches Leben. Der theozentrische Himmel dagegen erscheint als große Kathedrale: Dort versammeln sich die Seligen, um Gott in alle Ewigkeit zu preisen und seine erhabene Gegenwart zu genießen. Im Angesicht Gottes verblassen alle Wünsche nach menschlicher Gemeinschaft und nach Tätigkeiten, die an irdisches Tun erinnern. Der folgende Abschnitt beschäftigt sich allein mit dem theozentrischen Himmel in Zeugnissen von der mittelalterlichen Scholastik bis zur katholischen und protestantischen Theologie der frühen Neuzeit.

Der theozentrische Himmel der Scholastik. – Das 12. und 13. Jahrhundert erleben eine Wiedergeburt der Vernunft. Zum ersten Mal seit der Antike tritt in der westlichen Gesellschaft wieder eine Schicht Intellektueller hervor. Mit dem Fehlen begrifflicher Genauigkeit und methodischer Strenge unzufrieden, entwickelt die junge Gelehrtengeneration einen neuen Stil theologischer Arbeit. Die Schriften von Peter Abaelard, Petrus Lombardus und Thomas von Aquin begründen die das mittelalterliche Denken bestimmende «Schultheologie» oder Scholastik. Mit der Entstehung von Universitäten in Italien (Parma, Bologna, Salerno), Frankreich (Paris, Toulouse) und England (Cambridge, Oxford) finden die Scholastiker einen Ort für die Tätigkeit in Forschung und Unterricht. Das akademische Leben blüht. In diesem Klima der Innovation unterzieht die Scholastik auch den überkommenen Himmelsglauben einer gründlichen Prüfung.

Das in umfangreichen theologischen Abhandlungen, aber auch in Dichtungen wie Dantes *Göttlicher Komödie* niedergelegte Ergebnis der scholastischen Himmelsspekulation läßt sich wie folgt zusammenfassen:

1. Der Himmel liegt außerhalb der Erde, genauer gesagt: er umgibt das kugelförmige Universum als ein Lichtland, das Empyreum (wörtlich «Feuerstätte»). Das Empyreum bildet die ewige Wohnstatt Gottes, den Aufenthaltsort der Engel und auch die ewige Heimat der Seligen und Heiligen. Dem Himmel wird die Erde als Jammertal gegenübergestellt.
2. Die ewige Seligkeit besteht in der Anschauung Gottes durch die Seligen, nicht in einem die Seligen zusammenführenden sozialen Leben.
3. Der erlöste Mensch – also der Selige – wird einen verklärten Leib besitzen. Dieser wird als feinstofflicher Lichtleib beschrieben, der heller als die Sonne strahlt und mit dem er sich ohne jeden Kraftaufwand fortbewegen kann.

Thomas von Aquin verdanken wir die bedeutendste systematische Darstellung der scholastischen Himmelslehre. Als er im Jahre 1274 stirbt, hinterläßt er die *Summe wider die Heiden* (*Summa contra Gentiles*) als abgeschlossenes Werk, während die umfassendere und anspruchsvollere *Summe der Theologie* (*Summa theologica*) unvollendet bleibt. Diese Handbücher erörtern, was der Verfasser und mit ihm alle scholastischen Autoren als das Ziel der geistigen Bemühung des Menschen und die ewige Beschäftigung der Seligen ansehen: die Erkenntnis und Betrachtung Gottes.

Nach Thomas wird es im Himmel kein tätiges Leben geben; nur die Beschaulichkeit wird fortdauern. Die Betrachtung (*contemplatio*), in dieser Welt ein bruchstückhaftes und unvollkommenes Unterfangen, wird vollkommen sein und im Himmel eine unübertreffliche Erkenntnis Gottes mit sich bringen. Als biblische Grundlage dieser Lehre dient ein Satz aus dem 1. Johannesbrief: «Wir werden Ihn sehen, wie Er ist» (1 Joh 3,2). In Anlehnung an den biblischen Sprachgebrauch und Augustins Ausdrucksweise spricht Thomas vom «Schauen» des Göttlichen. «Die verstandesmäßige Erkenntnis wird Schau genannt», erklärt er (*Summa contra Gentiles* 3,53); der Gesichtssinn sei edler und geistiger und der Vernunft näherstehend als die übrigen körperlichen Sinne. Nach Auffassung der Scholastik muß die höchste Schau die größte Glückseligkeit mit sich bringen (daher auch der Ausdruck «beseligende Gottesschau» – *visio Dei beatifica* – bei späteren Autoren). Beseligende Schau läßt sich genauer mit beseligender Gotteserkenntnis umschreiben. Diese Erkenntnis zu besitzen bedeutet ewiges Glück; in Unkenntnis zu verharren dagegen großes Unglück. Gilt die Hölle als Ort der Unwissenheit und Finsternis, so zeichnen den Himmel Wissen und Licht aus. Selbst wenn sich Thomas von Aquin einer weniger abstrakten Sprache bedient, räumt er dem Verstand – dem «Schauen» – den ersten Platz ein. «Der wesentliche [ewige] Lohn des Menschen besteht in der vollkommenen Vereinigung der Seele mit Gott, insofern er Ihn in vollendeter Schau und Liebe vollkommen genießt» (*Summa theologica*, Supplementum 96,1).

Unter den vielen Fragen, denen Thomas in seiner Himmelslehre nachgeht, kommt der Frage nach sozialen Freuden im Himmel eine besondere Bedeutung zu. Thomas' Auffassung ist unmißverständlich: Gesellschaftlicher Austausch spielt im Himmel keine Rolle. Natürlich weiß die Scholastik aus dem Buch der Offenbarung, daß die Ewigkeit in der Gemeinschaft mit Engeln und anderen Seligen verbracht wird und nicht etwa in ewiger Einsamkeit mit Gott. Thomas kennt auch – und bejaht – die aristotelische Sozialphilosophie, welche die Freundschaft als Gipfel gesellschaftlichen Lebens ansieht. Der Philosoph preist die Freundschaft als eine der wichtigsten Bedingungen für menschliches Glück: «Es ist unsinnig, den glücklichen Menschen zum Einsiedler zu machen», heißt es bei Aristoteles. «Niemand würde alle Güter nur für sich allein haben wollen, weil der Mensch ein geselliges Wesen ist, zur Gemeinschaft bestimmt» (*Nikomachische Ethik* 1169 B). Während das ohne weiteres für das gegenwärtige Leben gilt (auf das Aristoteles allein Bezug nimmt), ist eine Übertragung auf das himmlische Leben problematisch. Thomas zufolge muß Gott die einzige Quelle der ewigen Glückseligkeit bleiben. Kein Geschöpf kann zum Glück eines seligen Wesens beitragen. Im gegenwärtigen Leben können wir zwar ohne Freunde nicht glücklich sein (wie auch Aristoteles betont), aber im nächsten Leben bestehen andere Verhältnisse:

> Wenn wir von der vollkommenen Glückseligkeit sprechen, die im [himmlischen] Vaterland herrschen wird, dann gilt, daß zur Glückseligkeit die Gesellschaft von Freunden nicht wesentlich dazugehört; denn der Mensch besitzt seine ganze Vollkommenheit in Gott. ... Wenn es nur eine einzige Gott genießende Seele gäbe, dann wäre diese [vollkommen] glücklich, auch wenn sie keinen Nächsten hat, den sie lieben könnte. (*Summa theologica* I II 4,8)

In einem Zusatz erklärt er die Aussage allerdings für rein theoretisch und mildert dadurch ihre Strenge. Er räumt ein, die Glückseligkeit der Heiligen werde «dadurch unterstützt, daß sie einander sehen und sich ihrer Gemeinschaft in Gott erfreuen». Mit den letzten Worten – «in Gott» – verweist Thomas noch einmal auf den Vorrang Gottes. Mag er seine unerbittliche Feststellung auch abmildern, so macht er doch kein wirkliches Zugeständnis.

Nicht alle Theologen neigen zu dieser einseitigen Einschätzung. So zeigt der Franziskanertheologe Bonaventura (1221–1274) mehr Interesse am sozialen Leben im Himmel als sein Zeitgenosse Thomas von Aquin; die Furcht des Aquinaten vor menschlichen Lustquellen ist ihm unbekannt. Nach Bonaventura wird die gegenseitige Liebe der Seligen so vollkommen sein, «daß jeder, der [jetzt] fremd scheint, im [himmlischen] Vaterland der beste Freund sein wird». Die Liebe, die bisher nur einem einzigen, engsten Freund gelten konnte, wird dann mit allen Heiligen geteilt werden. Wahre Freundschaft wird alle Seligen umfassen.

Dante. – Ein umfangreicher, in italienischer Sprache verfaßter Text darf als die klassische Darstellung der theozentrischen Himmelslehre gelten: Dantes schon mehrfach erwähnte *Divina Commedia*. Zwar hat der Florentiner Dichter seine Theozentrik nicht selbst erfunden, sondern von Thomas von Aquin entlehnt, doch hat die scholastische Auffassung bei Dante ihren vollendeten künstlerischen Ausdruck gefunden. Die katholische Tradition hat sich überwiegend an Thomas orientiert, ihren eloquentesten Sprecher fand sie jedoch in Dante.

Im Paradiso angelangt, wird der das Universum durchwandernde Dichter zunächst von seiner Freundin Beatrice begleitet; vor ihm gestorben, kennt sie den Himmel und kann seine Orte dem Wanderer erklären. Sie zeigt ihm ein riesiges, aus Glanz und Licht geformtes, an antike Rundtheater erinnerndes Gebilde. Auf tausend Stufen sitzen die Seligen in ihrer verklärten Körperlichkeit. Dante wird an dieser Stelle von Beatrice verlassen und von einem Greis, dem heiligen Bernhard von Clairvaux, kompetent über die Seligen unterrichtet, von denen jeder einen festen Platz innerhalb eines Ranggefüges einnimmt. Angeführt werden die Seligen von Maria, an deren Seite wir Petrus und Johannes sowie Adam und Mose sehen.

Aber so sehr sich der Wanderer staunend für die Seligen begeistert, so wenig stellt diese Galerie der Seligen das eigentliche Erlebnis des Paradiso dar. Dante wagt es – mit dem unvermeidlichen Hinweis auf die Armut der Sprache –, auch die Gottesschau darzustellen. Als der Dichter seine Augen zur Dreifaltigkeit erhebt, verschwindet sein letzter Führer, der heilige Bernhard, aus dem Blickfeld. Gebannt steht er, in unendlicher

Einsamkeit, vor dem dreieinigen Gott. Obwohl sich die Szene der Anschaulichkeit entzieht, versucht der Dichter dennoch, von seiner Schau zu berichten, in deren Mittelpunkt drei gleich große Lichtkreise von verschiedener Farbe stehen:

> In jenem klaren, tiefen Wesensgrunde
> des hohen Lichts erschienen mir drei Kreise
> mit *einem* Umfang, drei verschiednen Farben.
> Und zweie sah ich wie zwei Regenbogen
> einander spiegeln, Feuer schien der dritte,
> von beiden Seiten gleichermaßen lebend.
> (*Paradiso* 33, übersetzt von H. Gmelin)

Dieser unzureichenden, zugleich konkret-bildlichen wie abstrakten Beschreibung fügt Dante sogleich hinzu:

> Wie arm ist doch die Sprache und wie kläglich
> für den Gedanken, und nach dem Geschauten
> ist der so groß, daß Worte nicht genügen.

Um der Armut der Sprache abzuhelfen, schöpft Dantes Beschreibung der Gottesschau sowohl aus mittelalterlicher als auch aus biblischer Tradition. Der biblische Text, an dem sich Dante orientiert, ist dem Buch der Offenbarung (Johannesapokalypse) entnommen. Vor den himmlischen Thron Gottes tretend, nimmt der himmlische Wanderer ein gewaltiges Farbenspiel wahr: «Ich sah: Ein Thron stand im Himmel; auf dem Thron saß einer, der wie ein Jaspis und ein Karneol aussah. Und über dem Thron wölbte sich ein Regenbogen, der wie Smaragd aussah» (Offb 4,2–3). Dante hat den biblischen «Regenbogen» in drei der Trinität entsprechende Lichtkreise verwandelt. Die Dante zusätzlich anregende mittelalterliche Quelle ist kein Text, sondern ein Bild. In einem der Lichtkreise sieht er das Antlitz Christi. Genauer: Einer der Lichtkreise – der Lichtkreis Christi – erscheint ihm als «mit unserm Angesicht bemalt» (*pinta de la nostra effige*). Die vera effigies, das wahre Antlitz Christi, hat sich der Legende nach auf jenem Schweißtuch abgebildet, das Veronika dem kreuztragenden Christus während der Passion reichte. Auf dieses legendäre Bildnis scheint Dante anzuspielen. Tatsäch-

3. *Gott im Mittelpunkt* 67

Antlitz Christi als mittelalterliches Andachtsbild.
Italienische Illumination, ca. 1293/1300

lich ist Christi Antlitz als Andachtsbild, als Gegenstand frommer Verehrung und Meditation in der Zeit Dantes sehr verbreitet. In der Stadt Rom zeigte man an einem bestimmten Tag im Kirchenjahr – dem zweiten Sonntag nach Epiphanie – den Gläubigen ein solches. Dabei wurde das als Reliquie geltende Bild seit 1207 in päpstlicher Prozession vom Petersdom zum Hospital des Heiligen Geistes (Ospedale di Santo Spirito) geführt und auf diese Weise zur Schau gestellt. Der Ruf dieses Bildes reichte weit über Rom hinaus, und die Massenverbreitung von Darstellungen der *sancta facies* im Heiligen Jahr 1300 machte es zum bekanntesten Andachtsbild des späteren Mittelalters. Bis in das 16. Jahrhundert erfreute sich die Darstellung größter Beliebtheit.

Wenige Zeilen nach dem Hinweis auf das Antlitz Christi und

das göttliche Licht bricht die *Divina Commedia* ab. In der um Worte ringenden Beschreibung des Geschauten hat sie ihren Höhepunkt und zugleich ihr Ende gefunden.

Die protestantische Überlieferung. – Im 16. Jahrhundert stehen sich auf vielen Gebieten des theologischen und kirchlichen Denkens zwei Richtungen gegenüber: die altgläubigen Katholiken und die neugläubigen Protestanten. Die Reformatoren lehnen Papstkirche, klösterliches Ideal, priesterliches Zölibat und mancherlei theologische Lehren der altgläubigen Kirche ab. Was das ewige Leben angeht, gibt es jedoch keine Differenz und also auch keine Auseinandersetzung. Die Reformatoren knüpfen an die Gottesschau der Scholastik an, doch wollen sie deren Himmelsbild nicht aus der theologischen Überlieferung, sondern allein aus der Bibel begründen.

Am deutlichsten tritt diese Tendenz bei dem französischen und schließlich in Genf tätigen Reformator Johannes Calvin (1509–1564) zutage. Schon in einer frühen Schrift, der *Psychopannychia*, setzt er sich mit in der Renaissance geläufigen, den Himmel vermenschlichenden Vorstellungen auseinander. Er weist sie schroff zurück: «Im Paradies sein und bei Gott leben bedeutet nicht, miteinander zu sprechen und einander zuzuhören, sondern allein Gott zu genießen, sein Wohlwollen zu spüren und in ihm zu ruhen.» In seiner *Institutio Christianae Religionis* (Ausgabe letzter Hand 1559), einer großen Darstellung des gesamten christlichen Glaubensgutes, vertritt Calvin eine klare theozentrische Lehre über das ewige Leben: Gott begibt sich in Gemeinschaft mit den Seligen, und in dieser Gemeinschaft liegt ihre gesamte Seligkeit beschlossen. Zwar kann Calvin auch von einer erneuerten Schöpfung sprechen, aber dieser kommt gegenüber Gott keine große Bedeutung zu; ihr Anblick bietet den Seligen eine Augenweide, doch werden sie in keine zweite irdische Existenz mehr eingehen. Offenbar schauen sich die Seligen die neue Schöpfung von Ferne, aus dem Himmel an, ohne jedoch Sehnsucht danach zu empfinden, die neue Schöpfung zu ihrer Heimat zu machen. Calvin will sich das ewige Leben nicht weiter ausmalen:

Wir müssen in diesem Lehrstück auf Bescheidenheit halten, damit wir nicht unser Maß vergessen ... Wir fühlen es auch, wie uns solche maßlose Gier, mehr zu wissen, als uns gebührt, immerfort kitzelt; daraus sprudeln zuweilen leichtfertige, schädliche Fragen hervor. Leichtfertige Fragen nenne ich solche, aus denen sich keinerlei Nutzen ziehen läßt. Aber schlimmer noch das zweite: Menschen, die sich in solchen Fragen gefallen, verwickeln sich in gefährliche Gedankenspielereien; deshalb nenne ich solche Fragen schädlich. (*Institutio* 3,25,10)

Dabei beläßt es der Genfer Reformator.

Um die Strenge der Position Calvins zu ermessen, bietet sich ein Vergleich mit der Lehre des deutschen Reformators Martin Luther (1483–1546) an. In einem seiner Tischgespräche gibt Luther zu, oft darüber zu grübeln, wie das ewige Leben beschaffen sei – ein Dasein ganz ohne Abwechslung, ohne Essen und Trinken, ohne etwas zu tun. «Ich halte aber dafür», meint er, «wir werden *objecta* genug haben anzuschauen. Darum sagt [der Apostel] Philippus sehr fein: ‹Herr, zeige uns den Vater, so genügt es uns.› Das wird unser sehr lieblich *objectum* sein, damit werden wir genug zu schaffen haben» (*Tischreden*, Weimarer Ausgabe, Bd. 3, Nr. 3901). Das ist die vornehmste, theozentrische Seite des Himmels. Die Seligen werden einen verklärten Leib besitzen und in der neuen Schöpfung keiner Nahrung mehr bedürfen. Immer wieder kommt Luther auf Gottes neue Schöpfung zu sprechen, die er als paradiesische Welt beschreibt – eine Welt voll von Pflanzen und Tieren, ein Paradies, in dem sogar die bisher übelriechenden Tiere köstlichen Duft verströmen. Seinem vierjährigen Sohn Hans beschreibt Luther in einem Brief vom 19. Juni 1539 das Paradies als Garten, in dem kleine Pferde, schön gekleidete Kinder als Spielkameraden und reichlich vorhandenes Obst für Freude und Unterhaltung sorgen. Luther steht hier der Renaissance sehr nahe (wie wir im folgenden Abschnitt sehen werden), nur daß er seine fröhliche Spekulation zu unterbrechen und auf Gott selbst als Mitte des Himmels zu verweisen vermag.

Die Anhänger Luthers und Calvins greifen die innersten Tendenzen der Jenseitslehren ihres jeweiligen Meisters auf und verstärken sie. So predigt Johannes Mathesius (1504–1565), Lutherschüler und erster Biograph des Reformators, über das Wiedersehen der Gläubigen im Jenseits. Dem Lutheraner Philipp Nicolai (1556–1608) verdanken wir eine umfangreiche *Theoria vitae aeternae* (Theorie des ewigen Lebens – so der Titel seines großen Buches), nach der sich die Seligen auf einer erneuerten Erde niederlassen und ohne Verständigungsschwierigkeiten in allerlei Länder reisen. Sowohl Mathesius als auch Nicolai fassen Luthers Lehre anthropozentrisch auf und entwickeln sie in diesem Sinne weiter. Aus dem Umkreis Calvins sind Stimmen dieser Art nicht bekannt. Die Calvin verpflichteten Theologen erliegen der anthropozentrischen Versuchung nicht; die menschliche Seite des ewigen Lebens auszumalen lehnen sie ab.

Innerhalb der protestantischen Überlieferung der nachreformatorischen Zeit gibt es ein großes neues Thema, das dem 16. Jahrhundert noch fremd war: die Vereinigung der Seligen zu einem gewaltigen, Gott in alle Ewigkeit lobpreisenden Chor. Himmlischer Gesang und himmlische Musik waren der Frömmigkeit und Kunst auch vor dem 17. Jahrhundert nicht unbekannt; nur, daß die himmlische Musik als das Geschäft der Engel galt. Das ändert sich in der frühen Neuzeit nach genauem Studium des Buches der Offenbarung (der Johannesapokalypse). Dort stoßen die Bibelleser auf eine Himmelsvision des Johannes von Patmos:

Danach sah ich: eine große Schar aus allen Nationen und Stämmen, Völkern und Sprachen; niemand konnte sie zählen. Sie standen in weißen Gewändern vor dem Thron und dem Lamm [d. h. Christus] und trugen Palmzweige in den Händen. Sie riefen mit lauter Stimme: Die Rettung kommt von unserem Gott, der auf dem Thron sitzt, und von dem Lamm.
... Da fragte mich einer der Ältesten: Wer sind die, die weiße Gewänder tragen, und woher sind sie gekommen? Ich [Johannes] erwiderte ihm: Mein Herr, das mußt du wissen. Und er sagte zu mir: Es sind die, die aus der großen Bedrängnis kommen; sie haben ihre Gewänder gewaschen und im Blut des Lammes weiß gemacht. Deshalb stehen sie vor dem Thron Gottes und dienen ihm bei Tag und Nacht in seinem Tempel. (Offb 7,9–10.13–15)

Geschildert wird eine liturgische Szene: In weißen Gewändern und mit Palmzweigen als Zeichen der Freude stehen die akklamierenden Heiligen im himmlischen Tempel vor dem Thron Gottes. Ihr Jubelruf wird als Lied verstanden, das die Erbauungsliteratur als Hinweis auf den himmlischen Lobgesang der Seligen betrachtet. Der englische Puritanertheologe Richard Baxter (1615–1691) faßt den gottesdienstlichen Gemeindegesang als Vorübung für den ewigen Lobpreis im Himmel auf. Im Vorwort zu dem von ihm selbst herausgegebenen Gesangbuch schreibt er: «Durch seine barmherzige Vorsehung und Gnade stimmt der Herr unsere trägen und matten Seelen zu solch fröhlichem Lob – zur Vorbereitung auf seinen ewigen Lobpreis im Himmel.»

Werden die Seligen also Flügel bekommen und «rittlings auf einer Wolke sitzen und Halleluja Halleluja Halleluja singen»? In diesem Sinne äußert sich Kierkegaard im Jahre 1855 auf seinem Sterbebett, und es ist schwer zu sagen, ob er es ernst oder scherzhaft meint. Auch wenn die Auffassung vom himmlischen Lobgesang immer wieder zum Spott herausgefordert hat, so ist es zumindest den Theologen des 17. und 18. Jahrhunderts mit ihrer Auffassung ernst, konnten sie doch mit Hilfe eines Bibeltextes dem theozentrischen Himmel Anschaulichkeit verleihen.

4. Der menschliche Himmel

Bereits im antiken Christentum finden sich Versuche, den Himmel konsequent menschlich zu denken und mit menschlichen Zügen auszustatten. Nicht Gott, Engel und von der Anschauung Gottes trunkene Menschenseelen beherrschen das Bild, sondern Menschen, die ihr irdisches Leben in idealisierter, verbesserter Weise fortführen. Für unsere Darstellung bieten sich zwei historische Situationen an, in denen ein menschliches Jenseits besondere Gestalt gewinnt: die italienische Renaissance (vertreten durch Lorenzo Valla) und die Barockfrömmigkeit (verkörpert durch Emanuel Swedenborg).

Lorenzo Valla. – Das 15. Jahrhundert ist zugleich Herbst des Mittelalters und Frühling der Neuzeit. Am Beginn der Neuzeit steht eine von Italien ausgehende, ganz Europa erfassende kulturelle Bewegung: die Renaissance. Sie sucht nicht nur die Werte der heidnischen Antike, ihre Literatur, Kunst und Sprache zu erneuern, sondern auch mit dem Christentum zu einer neuen und großartigen Synthese zu verschmelzen. Ein Beispiel dafür bietet Lorenzo Vallas Schau des himmlischen Lebens.

Der in Rom geborene Lorenzo Valla (1405–1457) veröffentlicht im Jahre 1431, dem Jahr seiner Priesterweihe, philosophische Dialoge über das Glück unter dem Titel *De voluptate* (Über die Lust). Schon der Titel zeigt an, daß es dem vierundzwanzigjährigen Autor nicht um rein geistige Freuden geht, sondern um etwas Handgreiflicheres – eine an den römischen Philosophen Epikur erinnernde, irdischen Genuß miteinschließende Lust. Nach Valla gibt es irdische Freuden, die unserer von Gott geschaffenen Natur entsprechen. Spätere, nur wenig abgemilderte Ausgaben seines Buches nennt Valla *De vero falsoque bono*, «Vom wahren und vom falschen Gut» oder «Vom wahren und vom falschen Glück», denn *bonum* ist beides: das geschätzte Objekt und der Genuß, das Glück. In allen Ausgaben seines Buches bleibt Valla dem ursprünglichen Ansatz treu: Immer gilt ihm Lust (*voluptas*) als höchstes Gut. In der Einleitung zur ersten Ausgabe seines Werks erklärt er:

> Ich habe den Titel *Über die Lust* (De voluptate) vorgezogen, weil der Ausdruck Lust angenehm und keineswegs widerwärtig ist. Der Titel trat an die Stelle von *Über das wahre Gut* (De vero bono), den ich genauso gut hätte verwenden können, handelt doch das ganze Werk vom wahren Gut, das wir als Lust identifizieren. «Was sagst du da?» mag ein Freund einwenden; «die Lust sei das wahre Gut?» Ja, das behaupte ich und ich behaupte es in einer Weise, die es als das einzige, wirklich mögliche Gut herausstellt. Das ist, wovon ich handeln und was ich beweisen will.

Valla führt dann weiter aus: «Dieses Gut, von dem ich handle und welches das wahre und einzige Gut ist, und welches nach meiner Meinung die Lust ist, ist zweifach: nämlich einmal in diesem Leben und dann im künftigen Leben.» Das künftige Leben ist nichts anderes als das ewige Leben im Himmel. Schlußstück und zugleich Höhepunkt von *De voluptate* bildet dementsprechend die Schilderung der ewigen Freuden. Die ganze, in den Mund eines fiktiven «Antonio» gelegte Schilderung läßt sich als kritische Umkehrung aller Ansichten des Thomas von Aquin lesen.

Die Lokalisierung des Himmels an einem Ort außerhalb des uns bekannten Universums ist beiden Denkern – Thomas und Lorenzo Valla – noch gemeinsam. Wenn Engel die Seele eines gerechten Menschen in den Himmel geleiten, müssen sie alle Sphären des Weltalls durchschreiten. Damit enden aber auch schon die Gemeinsamkeiten. Den Ort des ewigen Lebens erfahren Vallas Selige ganz anders als es die Scholastik erwarten ließe. Wir hören nicht nur vom himmlischen Jerusalem, sondern auch von Bergen, Tälern, von Strand und Meer. Man weiß bei Valla nicht recht, ob er den Himmel einfach als zweite Erde denkt oder ob er den Lebensraum der Seligen so erweitert, daß er Himmel und Erde gleichermaßen umfaßt. Jedenfalls brauchen Vallas Selige eine der irdischen vergleichbare Welt nicht zu verlassen, um sich an einen transzendenten Ort der Gottesnähe zurückzuziehen. Himmel und Erde gehen gleichsam ineinander über.

Auch das in Kontemplation auf Gott ausgerichtete ewige Leben entspricht nicht den Vorstellungen Lorenzo Vallas. Uns erwartet ein Leben der Muße, ein Leben, in dem alle unsere Sinne in unaussprechlicher Weise belohnt werden. Unser ganzer Körper wird von einem süßen Wohlbehagen erfüllt werden, «das bis ins Mark hinein erbeben läßt, so daß kein Liebesgenuß damit vergleichbar ist». Sich entschuldigend fügt Valla hinzu: «Vielleicht bediene ich mich hier einer obszönen Sprache, die der Würde des Gegenstandes nicht entspricht» – weshalb er in späteren Ausgaben seines Buches die problematische Stelle streicht. Valla ist auf den Abschnitt nicht angewiesen, denn er hat noch viel zu sagen und zu beschreiben. Als wahrer Humanist freut sich Valla darauf, in der Ewigkeit alle Sprachen der Welt und alle Künste und Wissenschaften zu erlernen und zu beherrschen, und zwar «ohne Irrtum, Zweifel oder Unsicherheit». Er träumt auch von einem Zusammentreffen mit – offenbar weiblichen – Engeln, deren vollendete Schönheit «die Begierde nicht entflammt, sondern auslöscht und heilige Ehrfurcht einflößt». Wie weit ist Valla von der Beschaulichkeit des Thomas entfernt, die sich nur auf Gott richtet! Gott ist in Vallas Himmel zwar nicht abwesend, aber er hält sich im Hintergrund. Die Seligen dürfen sich ihrer geschöpflichen Freude hingeben.

Mit der Agilität, der mühelosen Beweglichkeit unseres verklärten Körpers kann Valla mehr anfangen als Thomas. Da wir einen Körper haben werden, der sich frei und mit unbehinderter Schnelligkeit zu bewegen vermag, werden wir mit unseren geflügelten Freunden, den Engeln, in der Luft spielen, auf Bergen, in Tälern und am Strand. Vielleicht werden wir sogar ins Meer hinabtauchen können, um wie Fische einige Zeit unter Wasser zu verbringen. Welch ein Unterschied, wenn man bedenkt, daß bei Thomas das Meer nicht mehr besteht: Es erstarrt zu einer Kristallmasse! Valla kann gewiß seinem Zeitgenossen Bartolomeo Facio (gest. 1457, im selben Jahr wie Valla) zustimmen, der mit ausdrücklicher Kritik an Thomas meint, die Seligen müßten auch den Himmel verlassen können; erst dann hätten sie die volle Freiheit: «Wenn sie [den Himmel] nicht nach eigenem Gutdünken verlassen können, dann kann man sie nicht als Selige bezeichnen, denn sie wären ja ihrer Freiheit beraubt.» Die Regungslosigkeit des Thomas hat im Himmel der Renaissance keinen Platz.

Man kann schon ahnen, daß Valla auch in der Frage nach dem gesellschaftlichen Leben der Seligen nicht mit Thomas übereinstimmt. Es muß Freundschaft und menschliche Gemeinschaft geben, und dieser muß mehr als nur beiläufige Bedeutung zukommen. Vallas «Antonio» gibt eine vollständige Beschreibung der Ankunft der Seele im Himmel. Ist die von Engeln begleitete selige Person an ihrem Ziel angelangt, so erfüllt Musik den ganzen Himmel – als ob «die Glocken aller Kirchen läuten, um die Freude der Stadt zu zeigen». Verwandte und Freunde eilen dem Ankommenden entgegen, begrüßen und umarmen ihn herzlich. Eine Schar von Heiligen kommt ebenfalls, um den neuen Himmelsbürger willkommen zu heißen. Die Mutter Gottes «wird dich an ihre jungfräuliche Brust drücken, an der sie Gott selbst gestillt hat; und sie wird dich küssen». Dann geleiten die Heiligen den Ankömmling zum neuen Jerusalem, wo sie ihn Gott vorstellen. Hier hält Vallas Antonio inne und erinnert an seine Eltern, seine beiden Söhne, seine geliebten Töchter sowie seine Geschwister, die schon starben. Die Hoffnung auf ein Wiedersehen liegt so schwer auf Vallas Seele, daß er Antonio ein persönliches Bekenntnis in den Mund legt und uns auf diese Weise an seinem Innersten teilnehmen läßt:

> Was mich betrifft, so bedrückt und verzehrt mich meine tägliche Sehnsucht, einige Menschen wiederzusehen – besonders meinen guten Vater, meinen Bruder und meine Schwester, von denen wir so viel erwarteten und die ich als meine eigenen Kinder ansah, weil sie so viel jünger waren als ich. Als sie starben, weinte ich mich fast blind an ihren Bahren und Gräbern. Oh, wann werde ich sie endlich wiedersehen?

Lorenzo Valla stellt die scholastische Lehre auf den Kopf. Vergleichen wir seine Lehre mit der des Thomas von Aquin, so spüren wir deutlich, daß die eine Sicht dem Geist eines Dominikanermönchs entspringt, die andere jedoch dem Denken eines Humanisten. Hier treffen zwei Mentalitäten, zwei Theologien, zwei Zeitalter, zwei Welten aufeinander, und sie lassen sich nicht miteinander versöhnen. So sehen wir bei Valla die Geburt einer gegenüber der mittelalterlichen Theozentrik neuen Auffassung des ewigen Lebens. Diese findet im 18. Jahrhundert im Werk von Emanuel Swedenborg eine besonders einflußreiche Form.

Emanuel Swedenborg. – Die als «Zeitalter des Barock» in die Kulturgeschichte eingegangenen Jahrhunderte – das 17. und 18. – zeichnen sich durch eine reiche künstlerische, literarische, religiöse und politische Kultur aus, wovon die Begriffe «Aufklärung» (gemeint ist der Barock-Rationalismus) und «klassische Musik» nur einen kleinen Teil charakterisieren. Es gibt eine ausgeprägte religiöse Kultur des Barockzeitalters, beherrscht von

Persönlichkeiten wie Nikolaus Ludwig von Zinzendorf, John Wesley, Johann Caspar Lavater und Emanuel Swedenborg. Sohn eines lutherischen Bischofs in Schweden, von Beruf Bergbauingenieur und Mathematiker in königlichen Diensten, genießt Swedenborg (1688–1772) seit seinem 59. Lebensjahr die Existenz eines leidlich wohlhabenden, auf eigenen Wunsch früh pensionierten ehrsamen Müßiggängers. Grund des selbstgewählten frühzeitigen Ruhestands sind religiöse Erlebnisse, die ihn vom Ingenieurwesen zur religiösen Schriftstellerei führen. Anders als seine Zeitgenossen Wesley und Zinzendorf gründet er keine eigene Gemeinde, sondern bleibt ein fast unbeachteter Privatier, der mit Vorliebe in einer kleinen Pension in London lebt und dort auch die Mehrzahl seiner Bücher auf eigene Kosten drucken läßt. Seine Schrift *De Coelo et ejus Mirabilibus et de Inferno, ex Auditis et Visis*, «Vom Himmel und seinen Wundern und von der Hölle, aus Gehörtem und Geschautem» (1758) faßt seine Himmelsvorstellungen zusammen.

Anders als der Titel des Buches erwarten läßt, enthält es nur wenige Berichte über Swedenborgs durch Meditation und besondere Atemübungen eingeleiteten Jenseitsvisionen. Eine solche Mitteilung lautet:

> Sooft ich mit den Engeln von Angesicht zu Angesicht sprach, war ich auch bei ihnen in ihren Wohnungen. Diese aber sind ganz so wie unsere Häuser, nur schöner. Es gibt dort Säle, Zimmer und Schlafgemächer in großer Zahl, auch Höfe, ringsumher Gärten, Gebüsch und Felder. Wo sie beisammen leben, stoßen ihre Wohnungen aneinander und bilden zusammen eine Stadt mit Straßen, Gassen und Plätzen, ganz wie die Städte auf Erden. Es wurde mir auch gestattet, sie zu durchqueren und mich überall umzusehen und gelegentlich die Häuser zu betreten. Dies geschah in wachem Zustand, wobei mir das innere Sehen gewährt wurde. (*De Coelo*, Nr. 184)

Ausführlicher als solche Hinweise auf persönliche Erfahrung ist die systematische Beschreibung der jenseitigen Welten nach den Prinzipien der Topographie und Ethnographie. Was er beschreibt, läßt sich durch eine Zeichnung veranschaulichen.

4. Der menschliche Himmel

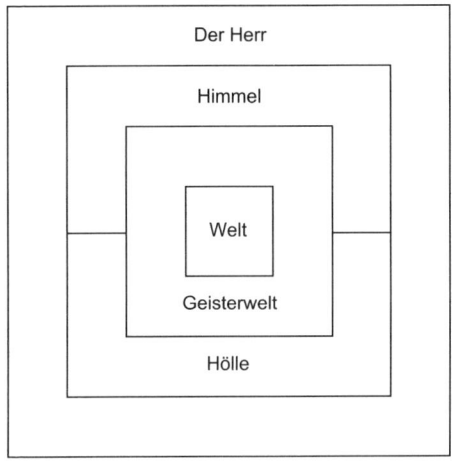

Im Zentrum steht die materielle Welt, in der wir leben. Sie besteht aus der Erde und übrigens aus einer ganzen Anzahl von Planeten, denn Swedenborg teilt die Auffassung vieler Zeitgenossen, daß die Erde nicht den einzigen bewohnten Planeten im Weltall bildet. Umgeben wird die Welt vom Kosmos der Geister (*mundus spirituum*). Was für Wesen sind die Geister? Swedenborg hat eine klare Antwort auf diese Frage: Es handelt sich um Menschen, die, durch den Tod ins Jenseits versetzt, nun als Geister fortleben. Die Geisterwelt ist allerdings nicht die ewige Heimat der Verstorbenen, sondern lediglich ein vorübergehender Aufenthaltsort. Unmittelbar nach dem Tod befinden sich die Verstorbenen in der Gesellschaft anderer, treffen mit Verwandten, Freunden, Eltern und Kindern zusammen. Doch diese, dem irdischen Leben ähnliche Situation wird alsbald durch eine längere Zeit einsamer Selbstfindung abgelöst. Man könnte, auf einen traditionellen christlichen Begriff zurückgreifend, von einer Reinigungszeit oder einem Fegfeuer sprechen, doch dies trifft den Sachverhalt nicht ganz. In der Geisterwelt stellt sich der wahre Charakter eines jeden Menschen dadurch heraus, daß er im Guten oder im Bösen ausreift und so die für den Himmel bzw. die Hölle passende seelische Gestalt erhält. Die Welt der

Geister ist gleichsam ein Warteraum oder ein Vorzimmer mit zwei Ausgängen – einen zum Himmel und einen zur Hölle.

Der mehrfach gestufte Himmel ist ein angenehmer Ort, Lebensraum der Engel, das heißt, der verstorbenen guten Menschen. «Der Mensch ist geschaffen, damit er in den Himmel komme und zum Engel werde» (*De Coelo*, Nr. 57). Folgende Eigenschaften himmlischer Existenz werden in *De Coelo* erläutert:

– Die Umgebung hat vorwiegend urbanen Charakter, doch fehlen weder angenehme Parks noch Gärten;
– die Engel leben in Gesellschaft, wobei der ehelichen Gemeinschaft von männlichen und weiblichen Engeln grundlegende Bedeutung zukommt;
– die Verständigung vollzieht sich in einer einheitlichen Sprache;
– jeder Engel geht bestimmten Berufspflichten nach. Genannt werden (unter anderem) die Erziehung im Säuglingsalter verstorbener Kinder; die Instruktion von jüngst verstorbenen Erwachsenen in der Geisterwelt; das Einwirken auf Menschen in unserer Welt als Schutzengel; die Abwehr von Eindringlingen aus der Hölle.

Getragen und umgriffen wird das Universum von Gott, den Swedenborg als *Dominus* – den Herrn – bezeichnet. Diese Bezeichnung verrät, daß der Seher keine trinitarische Gottesauffassung von Vater, Sohn und Heiligem Geist vertritt; vielmehr gibt es nur ein einziges, *Dominus* genanntes göttliches Prinzip. Dieses erscheint als Zentrum, von dem alles Leben seine Existenz und Seinsmächtigkeit gewinnt.

Swedenborgs Welt- und Jenseitsentwurf läßt sich insgesamt als revidiertes christliches Weltbild charakterisieren. Die Abweichungen von traditionellen christlichen Positionen sind ohne weiteres zu erkennen und wurden bereits genannt:

– An die Stelle der Trinität tritt bei Swedenborg der eine Gott;
– ein die Geschichte abschließendes jüngstes Gericht wird nicht erwartet;
– es gibt nur eine Art von Geschöpf, nämlich den im Jenseits als Engel weiterlebenden Menschen, nicht jedoch jene traditio-

nelle, nach christlicher Überlieferung aus einem eigenen göttlichen Schöpfungsakt hervorgegangene Engelsgestalt.

Es handelt sich somit um eine Vereinfachung des christlichen Weltbildes, das den einer rationalen Weltauffassung verpflichteten Zeitgenossen des 18. Jahrhunderts als modern und aufgeschlossen erscheinen mußte. Das belegt das *Gentleman's Magazine*, die führende Londoner Intellektuellenzeitschrift, in ihrer 1778 veröffentlichten ausführlichen Besprechung von *A Treatise Concerning Heaven and Hell*, der ersten englischen Übersetzung von *De Coelo*. Dort heißt es abschließend: «Aufs Ganze gesehen können wir feststellen: Wie immer das Publikum den visionären Bestandteil des Werks einschätzen mag, die Lehre als solche ist unangreifbar. Der visionäre Teil hat im Schreiber des Vorworts einen fähigen Apologeten gefunden, der andere Teil bedarf keiner Rechtfertigung.» Wenn im Zeitalter der Aufklärung ein Mathematiker und Ingenieur über den Himmel schreibt, dann muß etwas Vernünftiges herauskommen, etwas, das keiner Rechtfertigung bedarf, nicht einmal einer solchen des Übersetzers, der Swedenborg als Träger einer besonderen göttlichen Offenbarung würdigt.

Auffällig ist Swedenborgs Wille, vom Himmel nicht nur ganz allgemein zu handeln, sondern das Jenseits in vielen Einzelheiten zu schildern. Swedenborgs Detailversessenheit kennzeichnet nicht nur sein Werk; es ist für die gesamte religiöse und theologische Literatur seiner Zeit charakteristisch. Die katholische Moralkasuistik beschreibt und definiert sündhaftes Verhalten und dessen Umstände in haarspalterischen Einzelheiten. Miteinander im Wettstreit in der Ausarbeitung von «Sittengemälden», muten Prediger aller Konfessionen ihren Gemeinden lange Predigten zu, oftmals am Sonntagmorgen und noch einmal am Sonntagnachmittag. Die Religiosität der Barockzeit mißt sich an der Intensität ihres Willens, sich Szenen aus der Bibel, der Heiligenlegende und des Lebens im Jenseits zu vergegenwärtigen. Theologen, Visionäre und Dichter bemühen sich darum, in ihren Schriften über das jenseitige Leben mit nicht weniger Details aufzuwarten als die Historienmaler in ihrer Kunst.

II. Jenseitsglaube im Zeitalter der Seele

Im 17. Jahrhundert liefert der puritanische Theologe Richard Baxter das klassische Werk über den Himmel. Unter dem Titel *The Saints' Everlasting Rest* (Der Heiligen ewige Ruhe, 1649) versucht es, mit so vielen Einzelheiten wie irgend möglich einen theozentrischen Himmel zu beschreiben, einen Himmel der Seligen, die den Herrn ohne Unterlaß lobpreisen. Zwar bleibt dieses Bild das ganze 18. Jahrhundert hindurch lebendig, doch wird es allmählich durch ein anderes, den Menschen in den Mittelpunkt rückendes Bild verdrängt. Einen erster Schritt in diese Richtung tut bereits im 17. Jahrhundert der Jesuit Athanasius Kircher; seine ewige Wohnstätte der Seligen ist eine wahrhaft menschliche Umgebung, in welcher das ganze Spektrum sinnlicher Wahrnehmungen zur Verfügung steht – Farben werden gesehen, Töne gehört, Wohlgerüche wahrgenommen (*Itinerarium Extaticum*, 1656). Die religiöse Literatur besteht zunehmend auf dem menschlichen Charakter auch des jenseitigen Lebens; ergreifende Szenen des Wiedersehens der durch den Tod Getrennten sind ebenso geläufig wie der Hinweis auf die Wiederherstellung häuslicher Wohngemeinschaft. Eine entsprechende Szene deutet der Puritaner John Bunyan am Ende seines Romans *The Pilgrim's Progress* (1684, Die Pilgerreise) an. Der bis heute vielgelesene, zur klassischen englischen Literatur zählende Roman handelt vom Schicksal von Christian und Christiana. Der Lebensweg trennt das verheiratete und mit mehreren Kindern gesegnete Paar, denn Christian flieht aus der sündigen Stadt, um sich auf den Weg zum ewigen Leben zu machen. Erst später geht auch Christiana mit den Kindern auf Pilgerschaft. Schließlich gelangt Christiana zum Himmel, wo sie von ihrem vorausgeeilten Gatten erwartet wird. Die himmlische Freude wird durch das Wiedersehen der Eheleute und ihre ewige Vereinigung erhöht.

Swedenborgs Sicht des Himmels gewinnt im ausgehenden 18. und im 19. Jahrhundert – zumeist im Zeichen der Romantik – einen weltweiten Einfluß. Auch viele Dichter, Theologen und religiöse Schriftsteller, die sich nicht unmittelbar mit Swedenborgs Werk verbunden sahen, äußern sich ähnlich wie der große Seher des Nordens. Johann Wolfgang Goethe wünscht sich

4. Der menschliche Himmel

Maria begrüßt den heiligen Antonius und sein Schwein im Himmel.
Wilhelm Busch, 1871

am Ende des *Westöstlichen Divans* (1819), daß der ermüdete Dichter bei der Auferstehung der Toten «frisch und wohlerhalten» sich erheben möge –

> um des Paradieses Weiten
> mit Heroen aller Zeiten
> im Genusse zu durchschreiten;
> wo das Schöne, stets das Neue,
> immer wächst nach allen Seiten,
> daß die Unzahl sich erfreue.
> Ja, das Hündlein gar, das treue,
> darf die Herren hinbegleiten.

So stellt sich Goethe, zumindest in dichterischer Phantasie, einen Himmel vor, in dem neben «Heroen aller Zeiten» selbst Haustiere einen Platz finden.

Bis in die Gegenwart haben Lorenzo Vallas und Emanuel Swedenborgs Beschreibungen großen Erfolg. Sie entsprechen elementaren menschlichen Wunschträumen und verleihen diesen durch dichterische und visionäre Schau eine eigene Würde.

III. Neuzeitlicher Jenseitsglaube

1. Das Jenseits in neuzeitlicher Wissenschaft

Jeder Mensch besitzt einen unsterblichen Wesenskern – die Seele; diese vermag in einem als Himmel oder Hölle charakterisierten Jenseits den Tod des sterblichen Körpers zu überdauern. Seit der Antike beruht der Glaube an ein ewiges Leben auf diesen Annahmen. In der Neuzeit werden diese traditionellen Überzeugungen von Denkern kritisch geprüft, die sich als freie Geister nicht mehr an überlieferte Glaubenssätze gebunden wissen. Drei Ansätze werden von unterschiedlichen Denkern verfolgt: die Kritik am Höllenglaube von den Moralisten; die Kritik am Wissen über das Jenseits von Immanuel Kant; die Kritik am Unsterblichkeitsglauben von den Pantheisten und Materialisten. Von den mittelalterlichen Vorstufen bis zu den intensiven Debatten im 17. und 18. Jahrhundert wird primär philosophisch argumentiert; im 19. Jahrhundert werden zunehmend naturwissenschaftliche Befunde ins Spiel gebracht, um traditionelle Jenseitslehren umzustürzen. Unsere Darstellung beginnt mit der Kritik an der Hölle, dem einfachsten Fall neuzeitlicher Jenseitskritik.

Moralisten und Psychologen nehmen Abschied von der Hölle. – Noch im 17. und 18. Jahrhundert beschwören christliche Prediger mit großem rhetorischem Aufwand die Realität von Tod und drohender Hölle. Ihre Zuhörer werden jedoch zunehmend kritischer. Im optimistischen Klima der frühen Aufklärung schwindet die Höllenangst. Der sich als Christ verstehende Thomas Browne bekennt in seiner *Religio medici* (1635), er sei von jeglicher Höllenangst frei: «Ich danke Gott dafür, und melde es mit Freuden: Vor der Hölle hatte ich nie Angst, noch erbleichte ich jemals, wenn sie beschrieben wurde.» Der im 17. Jahrhundert die Bühne der Geschichte betretende Bürger ist, nach einem Wort von Groethuysen, «ein Kind dieser Erde. Er sucht nicht das andere: nicht das, was über das Leben hinausführt. Sein Leben genügt ihm. Er bestreitet sozusagen den Primat des Todes». Der bürgerliche Mensch füllt sein Leben mit Gedanken an wirtschaftlichen Gewinn und hat vor dem Bankrott mehr Angst als vor der Hölle. Er steht nicht mehr in einer von Gott vorgegebenen Welt, die von der Aussicht auf ewigen Lohn oder Furcht vor ewiger Strafe reguliert wird; vielmehr entwirft er sich seine Welt selbst. Das überlieferte Bild der Hölle wird denselben gerechten Maßstäben unterworfen, mit denen Bürger den geschäftlichen Umgang pflegen und aufgeklärte Monarchen die Justiz reformieren (wobei es zur Abschaffung der Folter kommt).

Vom Standpunkt bürgerlicher Ethik erheben sich gewichtige Bedenken gegen die Höllenstrafe. Als besonders anstößig und unvernünftig gelten die Lehren von der Überzahl der Verdammten und der Ewigkeit der Höllenstrafe, beschwören sie doch ein Bild von einem Endzustand herauf, in dem einige wenige Auserwählte sich an der ewigen Pein der Mehrzahl der Menschen ergötzen. «Herr, sind es nur wenige, die gerettet werden?» wird Jesus im Evangelium gefragt, und er scheint zu antworten: Nur wenige werden gerettet; die Mehrzahl der Menschen ist für die Hölle bestimmt (Lk 13,23). Seit Augustinus hat diese Auffassung Gültigkeit, und noch Gottfried Wilhelm Leibniz bekennt sich zu ihr in seiner *Théodicée* (1710). Baron von Holbach (1723–1789) hat nur Spott für eine Kirche übrig, die im Anschluß an das neue Testament meint, daß «mindestens 99 Prozent» ihrer Gläubigen in der Hölle landen, und die sich freut, daß die Auserwählten «am Fest des Lammes gegrillte Ungläubige ... verspeisen» werden. Die Güte Gottes ist mit der Annahme einer nur kleinen Zahl der Erwählten nicht vereinbar; dieses verbreitete Argument findet sich etwa bei Jean-Jacques Rousseau (1712–1778): «Wer die Mehrheit seiner Geschöpfe zur ewigen Pein verdammt, ist nicht der milde und gütige Gott, den mir meine Vernunft zeigt» (*Emil*, 1762, Buch 4). Eine sowohl grausame als auch *ewige* Strafe für menschliche Sünden zu verhängen widerspricht der Gerechtigkeit Gottes. In Holbachs *Lettres à Eugénie* (1768) heißt es: «Die Ideen, die man uns von der Hölle gibt, machen Gott zu einem Wesen, das unendlich viel unvernünftiger, bösartiger und grausamer ist als die barbarischsten Menschen.»

Seit dem Zeitalter der Aufklärung verstummen auch weitere Argumente gegen die Hölle nicht. Ideologiekritisch wird darauf hingewiesen, daß die Lehre von der Hölle für die Priester von größtem Nutzen ist; sie bildet die Grundlage ihrer Macht und die unerschöpfliche Quelle ihrer Reichtümer, erlaubt sie doch dem Klerus, die Bevölkerung mit Höllendrohungen einzuschüchtern. Doch ein durch Höllenfurcht beeinflußtes Handeln ist des Menschen unwürdig; niemals kann es die Höhenmarke von Freiheit und Sittlichkeit erreichen. In diesem Sinne formuliert der russische Philosoph Nikolai Berdjajew (1874–1948): «Lassen wir das Vorhandensein ewiger Höllenqualen zu, so verliert mein geistiges und religiöses Leben überhaupt jeden Sinn und jeden Wert, verlief es ja doch im Zeichen des Terrors. Im Zeichen des Terrors kann keine Wahrheit offenbar werden.»

Irrational und unethisch, muß die Lehre von der Hölle als eines der größten Ärgernisse am Christentum erscheinen – ein Grund, weshalb die Aufklärer diese Lehre aus dem Weltbild verbannen. Typisch ist die Auffassung des Baron von Holbach. Er lehnt den Glauben an eine jenseitige Strafe schon deshalb ab, weil er als Materialist ein Weiterleben nach dem Tode überhaupt bestreitet. Den Höllenglauben hält er für eine Ausgeburt der Phantasie religiöser Fanatiker.

Die Ablehnung der Höllenlehre bildet noch nicht die letzte Stufe der Aufklärung; diese Stufe wird erst durch die Psychologie des 20. Jahrhunderts erreicht, die das Wesen des traditionellen Höllenglaubens zu verstehen sucht. Psychologen verweisen auf zwei Strategien, die zur Bekämpfung des Bösen eingesetzt werden: Bestrafung und Verdrängung, und beide sind in der Bildung der Höllenmythologie wirksam. Die *Bekämpfung des Bösen* geschieht dadurch, daß seine Verursacher – nämlich Verbrecher – bestraft werden. Universal beobachten läßt sich der offenbar unausrottbare Wille des Menschen, andere für ihre (wirklich oder angeblich) maßlosen Vergehen maßlos zu bestrafen, nämlich nicht nur im Leben, sondern auch nach dem Tod. Die Form, in der dieser Gedanke heute zumeist geäußert wird, lautet: Die Täter von Auschwitz verdienen nicht nur die Todesstrafe, sondern ewige Verdammung – wofür sich Peter Berger (geb. 1924) auf das gesunde Volksempfinden beruft. Dieser Wille zur Verdammung der Bösen erklärt zwar die ewigen Höllenqualen, aber noch nicht den Höllenglauben insgesamt. Dieser beruht auf gesellschaftlicher *Verdrängung des Bösen.* Gesellschaftliche und staatliche Ordnung und Normierung muß sich stets gegen Widerstände durchsetzen, was zu einem dualistischen Weltbild führt: Den Mächten der Ordnung stehen solche der Unordnung gegenüber. Innerhalb des dualistischen Weltbildes wird die Hölle zur negativen Gegenwelt. In sie wird alles Verworfene abgedrängt. Sozialpsychologisch läßt sich die Hölle in Anlehnung an C.G. Jung (1875–1961) als «Schatten» verstehen, der mit der Bildung der geordneten Welt einhergeht. «Je zivilisierter die Oberwelt, desto höllischer, grausamer, brutaler und unmenschlicher die Unterwelt! Je konsequenter die Menschen zum Guten erzogen werden, je weniger auf ihre Schwächen Rücksicht genommen und je mehr der Schatten abgespalten wird, desto geballter tauchen die barbarischen Seiten in den Bildern von der Hölle auf» (R. Kaufmann). Bezeichnenderweise ist Platon, der die staatliche Erziehung des Menschen bis zur Dressur perfektioniert sehen will, auch der erste Denker, der die unkorrigierbaren Verbrecher aus dem Tartaros nicht mehr zurückkehren läßt. Der gesellschaftliche Verdrängungsmechanismus läßt sich an der Lusthölle einer mittelalterlichen Dichtung verdeutlichen: Im Streit mit seinem Vater erklärt Aucassin, der in Nicolette verliebte Held, er wolle nicht in den Himmel der Pfaffen kommen, sondern in die Hölle, Treffpunkt der feinen Leute und Liebespaare. Religionsgeschichtlich verbirgt sich hinter der Lusthölle das keltische Jenseits mit seinem raffinierten Liebesleben; den Himmel der Kelten hat die christliche Theologie verdrängt und zur Hölle erklärt. So erscheint die von der Wissenschaft aufgeklärte Hölle als durchschaubares Produkt exzessiver Strafphantasien und sozialpsychologischer Verdrängungsmechanismen und verliert dadurch ihre angsteinflößende Macht.

Kant: Unsterblichkeit als praktisches Postulat. – Der mittelalterlichen Tradition gilt der Himmel als Ort jenseits des Himmelsgewölbes. Das Himmelsgewölbe seinerseits wird als kugelgestaltig aufgefaßt, als eine das Universum einschließende Kugelschale, deren Innenseite die Fixsterne trägt. Die Erfindung des Fernrohres durch Johannes Kepler (1571–1630) und seine zunehmende Anwendung in der Himmelsbeobachtung, vor allem durch Galileo Galilei (1564–1642), führen zu einer tiefgreifenden Umgestaltung des mittelalterlichen Weltbildes. Die astronomische, mit dem Fernrohr beobachtende Forschung findet das Firmament (Himmelsgewölbe) nicht, sondern entdeckt die weiten Abstände der Fixsterne voneinander. Diese liegen, wie erkannt wird, nicht auf der Innenseite des Firmaments, sondern weit in den Tiefen des unbegrenzten Weltraums verstreut. Damit verliert der Himmel Gottes, der Engel und Seligen seinen Ort jenseits der Fixsterne und des Firmaments.

Die Ortlosigkeit des Himmels wird allerdings kaum als Problem empfunden, bietet sich doch der Gedanke an, daß die materielle, durch das Fernrohr erforschbare Welt etwas anderes ist als die immaterielle, geistige Welt Gottes. Besonders scharf unterscheidet der französische Philosoph René Descartes (1596–1650) die Welt des Denkens – dazu gehören Gott und die menschliche Seele – von der materiellen, räumlichen Welt. Die Welt Gottes und der Seele lassen sich nur denkerisch erfassen und nicht wie die materielle Welt mit den menschlichen Sinnesorganen wahrnehmen, beobachten und in Breite, Höhe und Tiefe vermessen. Von Descartes stammt der seit seiner Zeit nicht mehr von der Naturwissenschaft in Frage gestellte Satz: «Die Materie des Himmels ist keine andere als die der Erde. ... Es kann deshalb nicht mehrere, sondern nur *eine* Welt geben» (*Principia philosophiae*, 1644, Teil 2, Kap. 22). Besagen soll der Satz: Es gibt innerhalb des materiellen Bereichs keinen abgrenzbaren Himmel, der anderen Gesetzen – etwa solchen des Geistes – gehorcht; das Weltall ist einheitlich materiell.

Die Verbannung des theologischen Himmels aus dem Weltall und seine Verlegung auf eine andere Ebene des Seins – nämlich des geistigen Seins – tut dem Glauben an die Unsterblichkeit der

Seele keinen Abbruch. Tatsächlich hält die Mehrzahl der Denker im Zeitalter der Aufklärung an ihrer Unsterblichkeit fest. Dazu gehört auch der Königsberger Philosoph Immanuel Kant (1724–1804). Nach seinen Vorlesungen über *Allgemeine Naturgeschichte und Theorie des Himmels* (veröffentlicht 1755) hat der Mensch hat eine unsterbliche Seele; diese bleibt nach dem Tode nicht an den Planeten Erde gebunden, vielmehr wird sie sich zu anderen Planeten emporschwingen, wo sie ihr ewiges Leben verbringen wird. Viel mehr will Kant darüber nicht sagen: «Es ist erlaubt, es ist anständig, sich mit dergleichen Vorstellungen zu belustigen; allein niemand wird die Hoffnung des Künftigen auf so unsichern Bildern der Einbildungskraft gründen.» Eine solche «Ausschweifung… in das Feld der Phantasie» mag erlaubt sein, doch bleibt die große Frage: «Wer zeigt uns die Grenze, wo die gegründete Wahrscheinlichkeit aufhört und die willkürlichen Erdichtungen anheben?» Diese Frage hat den Philosophen zeitlebens beschäftigt. Sowohl in Publikationen als auch im persönlichen Gespräch kommt er immer wieder auf das Thema zurück. Durch das mit großem Eifer studierte Werk Emanuel Swedenborgs erhofft er sich Aufschluß über das Jenseits, doch nur, um die Himmelsvisionen des schwedischen Sehers als Produkt menschlicher Phantasie abzulehnen – so in der satirischen Schrift *Träume eines Geistersehers* (1766). Immerhin findet er alsbald zur Überzeugung, daß das postmortale Schicksal der Seele nicht räumlich gedacht werden kann, sondern sich den Sinnen entzieht.

Seine reife Auffassung über die Unsterblichkeit legt Kant in seiner *Kritik der praktischen Vernunft* (1788) dar. Dabei geht er aus von dem *einen* Grundsatz, der alles wahrhaft sittliche Handeln lenkt: «Handle so, daß die Maxime deines Willens jederzeit zugleich als Prinzip einer allgemeinen Gesetzgebung gelten könne.» Dieser wohl berühmteste Satz Kants besagt: Die Regel, die ein Handelnder im Augenblick verfolgt, soll so strengen Maßstäben folgen, daß sie eine die ganze Menschheit umfassende Ordnung begründen kann. Im sittlichen Handeln muß jeder Mensch Gesetzgeber für alle anderen sein wollen. Vorausgesetzt ist, daß es in allen Menschen eine untilgbare Anlage

1. Das Jenseits in neuzeitlicher Wissenschaft

zum Guten gibt – und davon war das Zeitalter der Aufklärung überzeugt. Wer gegen die genannte Grundregel verstößt, den plagen, so Kant, Selbstvorwürfe und Gewissensbisse. So meldet sich im Menschen das Gute, und, an diese Meldung anknüpfend, ist jedem die Aufgabe gestellt, seinen Hang zum Bösen zu überwinden.

Was sind die Voraussetzungen des kategorischen Imperativs? Fundamentale Voraussetzung ist die Freiheit des menschlichen Willens; nur auf der Grundlage eines freien Willens kann der Mensch das sittlich Gute erstreben. An dieser Stelle macht sich jedoch ein realistisches Moment geltend: «Der Mensch ist von Natur böse.» So kann der Versuch, das Handeln an den Grundsätzen allgemeiner Gesetzgebung zu orientieren, nur bedingt gelingen. Kein Mensch ist sittlich vollkommen entwickelt und perfekt; vielmehr bedarf es ständiger, lebenslanger Anstrengung, das Handeln zu versittlichen und dem kategorischen Imperativ zu unterwerfen. Für die sittliche Vervollkommnung ist sogar nicht nur lebenslange, sondern *ewige* Anstrengung vonnöten. Diesem sittlichen Bedürfnis entspricht die Idee eines Fortlebens der Menschen nach dem Tode, wie sie von vielen Philosophen der Aufklärung vertreten wurde. Vom kategorischen Imperativ aus kommt die Unsterblichkeit der menschlichen Seele in den Blick.

Kant ist von seiner Entdeckung der Unsterblichkeit fasziniert, doch er spricht dieser Entdeckung den Charakter des Wissens ab. Seinen Gedankengang versteht er nicht als Beweis, da «wir mit aller Anstrengung unserer Vernunft nur eine sehr dunkle und zweideutige Aussicht in die Zukunft haben, der Weltregierer uns sein Dasein und seine Herrlichkeit nur mutmaßen, nicht erblicken oder klar beweisen läßt». So werden uns «Aussichten ins Reich des Übersinnlichen, aber auch nur mit schwachen Blicken» erlaubt. So unterstützt Kant den im Zeitalter der Aufklärung verbreiteten Glauben an die Unsterblichkeit des Menschen, versetzt ihn jedoch aus dem Bereich des Wissens in den Bereich des Glaubens, oder genauer: in den Bereich der Postulate innerhalb einer Moralphilosophie. «Unsterblichkeit» ist eine moralisch sinnvolle Annahme, nicht jedoch ein unser theoretisches Wissen erweiternder Begriff. Es gibt ein Leben nach dem Tode, und Kant bekennt: «Ich beharre darauf und lasse mir diesen Glauben nicht nehmen»; über die Gestalt des postmortalen Lebens können wir jedoch schlechterdings nichts wissen. Kant verteidigt und begrenzt zugleich den Glauben an Unsterblichkeit. Berühmt wurde Kants Feststellung, er habe das Wissen begrenzt, um dem Glauben Platz zu machen.

Worin besteht die praktische Bedeutung des Glaubens an ein Fortleben nach dem Tode? In seinem Aufsatz «Das Ende aller Dinge» (1794) verweist Kant auf den Nutzen einer Predigt über Himmel und Hölle, würde doch die Verheißung der ewigen Seligkeit für alle die Menschen in moralische Gleichgültigkeit wiegen und nicht zum Tun des Guten anspornen. Allerdings läßt Kant dieses Argument, wie es scheint, nur für philosophisch nicht geschulte Menschen gelten. Kant ist nämlich bemüht, in seiner Ethik weder von Hoffnung auf Lohn noch von Furcht vor Strafe zu reden. Schon das antike Denken, beispielsweise eines Cicero, hat diesen Weg beschritten: «Unter einem sittlichen Gut verstehen wir ein solches, das bei Ausscheidung jeglicher Bezugnahme auf irgendwelchen Nutzen, Lohn und Gewinn um seiner selbst willen mit Recht anerkannt werden wird» (Cicero, *De finibus bonorum et malorum* II, 14,45). Antikem Denken verpflichtet, soll nach Kants Meinung sittliches Handeln – also Handeln, das dem kategorischen Imperativ entspricht – stets aus Pflicht zur Verwirklichung der Sittlichkeit und nicht im Blick auf diesseitige oder jenseitige Folgen geschehen. Dennoch entkommt der Philosoph dem Ausblick auf jenseitigen Lohn nicht. Indem der Mensch sittlich handelt, macht er sich jenseitiger Glückseligkeit würdig, und diese kann nur Gott gewähren. Also ist es «moralisch notwendig, das Dasein Gottes anzunehmen», folgert Kant. Im Unterschied zu antiken Bestimmungen des Ziels der Ethik meint der Philosoph, die Ethik sei «nicht eigentlich die Lehre, wie wir uns glücklich machen, sondern wie wir der Glückseligkeit würdig werden sollen. Nur dann, wenn Religion dazukommt, tritt auch die Hoffnung ein, der Glückseligkeit dereinst in dem Maße teilhaftig zu werden, als wir darauf bedacht gewesen, ihrer nicht unwürdig zu sein». Die Formulierung Kants ist, wie immer, scharf und präzise: Die Philosophie lehrt nur etwas über die Ethik und darüber, daß der sittliche Mensch des ewigen Lohnes würdig sei; der Lohn selbst, die ewige Glückseligkeit, ist eine religiöse, keine philosophische Verheißung; sie gilt «nur dann, wenn Religion dazukommt».

Kant hält seine Überlegungen für «ersprießlich für Theologie und Moral», doch macht er deutlich, daß er damit den Bereich des Wissens nicht erweitert. Die Analyse des wahrhaft sittlichen Handelns gibt gleichsam den Blick auf eine Tür zum Jenseits frei, ohne daß diese Tür geöffnet werden kann. Jenseits dieser Tür muß es ein Leben geben, doch läßt sich darüber inhaltlich nichts sagen: So haben viele Leser den Philosophen verstanden und fühlten sich in ihrem religiösen Glauben an ein Fortleben bestätigt. Inzwischen gelten seine Ausführungen allerdings als problematisch oder irrelevant. Schon um 1900 vermag der Neukantianismus zu Kants Unsterblichkeitslehre kein Verhältnis mehr zu gewinnen. Die Deutungen werden zunehmend kritisch. Für Hans Vaihinger (1852–1933) ist Kants Unsterblichkeit nur eine der Ethik dienende Fiktion; man solle handeln, «als ob» es sie gebe – aber in Wirklichkeit gibt es sie nicht. Nach Georg Picht (1913–1982) will Kant gar nicht von dem sprechen, was die religiöse Überlieferung Unsterblichkeit nennt; von Unsterblichkeit spreche er nicht aufgrund persönlicher Überzeugung, sondern nur aus Rücksicht auf die religiösen Gefühle seiner Zeitgenossen. Alasdair MacIntyre (geb. 1929) schließlich will Kants großartige Lehre über den kategorischen Imperativ von der zweifelhaften Verknüpfung mit Religion und Jenseitsglauben lösen; Kant habe als Ethiker Großes geleistet, aber das Fortleben nach dem Tode nicht plausibel gemacht.

Am Ende des 20. Jahrhunderts, zwei Jahrhunderte nach dem Erscheinen der *Kritik der praktischen Vernunft*, scheint Kants Lehre von der Unsterblichkeit der Seele keine Überzeugungskraft mehr zu besitzen.

Spinoza und die Materialisten: Der sterbliche Mensch. – Die Wurzeln der mit dem Namen Spinozas verknüpften besonderen Auffassung der menschlichen Seele reichen weit in die griechische

Geistesgeschichte zurück. Aristoteles (384–322 v. Chr.) unterscheidet einen doppelten Geist im Menschen: einen endlichen, vergänglichen, der dem Individuum eignet, mit ihm entsteht und stirbt, und einen ewigen, der, vom Körper trennbar, allen Menschen gemeinsam ist. Positiv bedeutet das, daß im einzelnen Menschen ein alle Menschen verbindendes Prinzip wirkt; negativ, daß der unsterbliche Teil des Individuums selbst nicht individuell ist, sondern, sich beim Tode vom Körper lösend, einen unwiderruflich toten Menschen zurückläßt. Obgleich die zuletzt genannte Folgerung in den Schriften des Aristoteles nicht deutlich ausgesprochen wird, wird seine Seelenlehre seit dem Mittelalter von vielen Kommentatoren in diesem Sinne verstanden, so besonders von dem arabischen Aristoteleskommentator Averroës (Ibn Ruschd, 1126–1198).

Der Einfluß von Averroës ist immens, und immer wieder kommt es zu Auseinandersetzungen über seine Philosophie. Einerseits ist sie eine für manchen philosophischen Geist attraktive Auffassung, andererseits gilt sie als mit der Lehre der Kirche unvereinbar. Immer wieder bekennen sich Philosophen zu ihr, und seit dem 13. Jahrhundert wird sie von kirchlicher Seite bekämpft. Noch im Jahre 1513 verurteilt das Fünfte Laterankonzil die von manchen als philosophische (doch nicht auch theologische) Wahrheit anzuerkennende Lehre von der doppelten Seele: der sterblichen individuellen Seele und der unsterblichen, überindividuellen, allen Menschen gemeinsamen Seele. Dennoch lebt diese Lehre unter philosophischen Außenseitern weiter. Ihr größter neuzeitlicher Vertreter, der jüdische Philosoph Baruch de Spinoza (1632–1677), hat sie – offenbar ohne Rückgriff auf Averroës – neu begründet.

Schon in jungen Jahren, so wird überliefert, sei Spinoza in der Synagoge seiner Heimatstadt Amsterdam durch die Behauptung aufgefallen, in der Heiligen Schrift gebe es keinen Hinweis auf die Unsterblichkeit des Menschen. Als Vierundzwanzigjähriger wegen Ketzerei aus der Synagoge ausgeschlossen, widmet sich der von Freunden unterstützte Spinoza fortan nur noch der Philosophie. Zu seinen Lebzeiten veröffentlicht Spinoza nur wenig; sein philosophisches Hauptwerk, die *Ethik*, erscheint erst nach seinem Tod. In diesem anspruchsvollen Buch legt er seine pantheistische Weltanschauung dar. Diese läßt sich am besten als Neufassung traditioneller Begriffe von Gott, Mensch und Unsterblichkeit beschreiben.

Gewöhnlich wird *Gott* als eine Macht gesehen, die, von der geschaffenen Welt getrennt, jenseits der Welt lebt und herrscht. Dagegen setzt Spinoza: Gott und Welt sind nicht getrennt, sondern sind identisch; das Universum, auch Natur genannt, ist eins mit Gott. Die Formel für diese Gleichsetzung lautet *deus sive natura* – statt Gott läßt sich auch Natur sagen. «Jenes ewige und unendliche Wesen, das wir Gott oder die Natur nennen» ist für ihn der Seinsgrund aller Dinge (*Ethik*, Teil 4, Vorrede). So ist Gott der Welt gegenüber nicht transzendent, sondern immanent; er ist die innere, schöpferische Kraft, die in der Natur (oder als die Natur) wirkt. Spinoza versteht dabei Gott nicht als Persönlichkeit, sondern als unpersönliche Macht. Gottes Handeln fällt mit dem selbsttätigen Wirken der Natur zusammen; in diesem Sinne spricht Spinoza von *natura naturans*, der «natürlich wirkenden Natur» (*Ethik*, Teil 1, Satz 29).

Gewöhnlich wird der *Mensch* als Geschöpf Gott gegenübergestellt; beide trennt ein Abgrund und ein unendlicher Rangunterschied. Nach Spinoza ist eine solche Betrachtungsweise unangemessen. Alle Dinge, der Mensch eingeschlossen, sind Teil des Universums und damit auch Teil Gottes. Das bedeutet aber, daß der Mensch kein eigenes, vom Universum unterscheidbares Sein hat. In der Sprache Spinozas heißt das: Dem Menschen eignet keine eigene Substantialität, denn es gibt nur eine einzige Substanz – die Substanz Gottes. Wie alle Dinge, sind auch die Menschen endliche, innerhalb der Substanz liegende Erscheinungsformen (*modi*). Die Substanz ist nicht einförmig, sondern differenziert und strukturiert, und der Mensch ist eine solche Struktur. Der Mensch bleibt immer mit seinem natürlichen Grund, der göttlichen Substanz verbunden und kann sogar Liebe zu Gott und Lust an Gott empfinden. Tatsächlich ist für Spinoza solche geistige Liebe (*amor dei intellectualis*) die höchste dem Menschen mögliche Leistung (*Ethik*, Teil 5, Sätze 16, 20 und 32).

Gewöhnlich wird dem Menschen eine mit Individualität und Persönlichkeit ausgestattete, *unsterbliche Seele* zugeschrieben. Spinoza dagegen vertritt die radikale Endlichkeit aller «modi», aller Erscheinungsformen oder Strukturen innerhalb der Substanz. Mit dem Tod löst sich der einzelne Mensch auf und kehrt in den Schoß der undifferenzierten Substanz – und das heißt: der Natur – zurück. Aber da die Substanz als solche ewig ist, kann nichts verlorengehen und ins Nichts fallen. Es gibt keine individuelle Unsterblichkeit, weil es keine individuelle unsterbliche Seele gibt.

Nun findet sich bei Spinoza auch der Satz: «Die menschliche Seele kann mit dem Körper nicht völlig zerstört werden, sondern es bleibt von ihr etwas bestehen, das ewig ist» (*Ethik*, Teil 5, Satz 23). Die genaue Bedeutung des Satzes ist umstritten. Nach einer Auslegung will Spinoza sagen: Soweit ein Mensch höhere Erkenntnisse gepflegt hat, bleiben diese ewig im Bewußtsein Gottes erhalten. Für wahrscheinlicher halte ich eine andere Deutung, die sich aus einem Bericht von Spinozas Freund Ehrenfried von Tschirnhaus ergibt: Der ewige Bestandteil der Seele wird sich nach dem Tod eines Menschen wieder mit Materie verbinden und auf diese Weise fortleben. An diesem Prozeß der Reinkarnation ist allerdings nur der überindividuelle Teil der verstorbenen Person beteiligt, nicht alles das, was ein unverwechselbares menschliches Ich mit seinen Erinnerungen, Erfahrungen und besonderen Eigenschaften ausmacht.

Spinozas Gedankengut wird auch im 19. und 20. Jahrhundert wiederholt von Philosophen aufgegriffen, so von Gustav Fechner (1801–1887), Friedrich Paulsen (1846–1908) und Charles Hartshorne (1897–2000). Nach Hartshorne ist das Weltall mit Gott gleichzusetzen. Im Weltprozeß kommt den menschlichen Individuen keine besondere Bedeutung zu, da diese nur vorübergehende Bündel von hochorganisierten Atomen darstellen; mit dem Tod zerfällt das Bündel. Eigentlich ist die menschliche Person kein substantielles Gefüge, sondern ein Ereignis. Was bleibt, ist das Gewesensein des einzelnen Menschen; dieses ist ewig, denn, wenn etwas in die Vergangenheit übergeht, verliert es dadurch nicht an Realität. Diese bleibende Realität läßt sich

1. Das Jenseits in neuzeitlicher Wissenschaft

als von Gott erinnerte Wirklichkeit deuten. Auf diese Weise gibt es zwar keine individuelle Unsterblichkeit mit fortdauerndem menschlichem Bewußtsein, aber Gottes ewige Erinnerung an jeden einzelnen Menschen. Diese Erinnerung läßt sich nach der Art einer Chronik, eines Buches vorstellen, das jeder Mensch schreibt. «Wir schreiben das Buch unseres Lebens... für den einen, idealen Leser», für Gott, formuliert Hartshorne, offenbar in Erinnerung an die christliche Tradition vom «Buch des Lebens». Jedes Menschenleben macht Gott reicher, denn Gott ist nicht vollendet und in sich ruhend, sondern im Werden begriffen, in ewiger Entwicklung. Nach Hartshorne gibt es folglich eine objektive Unsterblichkeit, jedoch keine solche des seiner selbst bewußten individuellen Subjekts. Was nach dem Tode bleibt, ist sozusagen ein geistiges Fossil, kein lebendiges Wesen.

Während das mit dem Namen Spinozas verknüpfte Denken auf kleine, anspruchsvoller philosophischer Spekulation verpflichtete Kreise beschränkt bleibt, erfaßt eine zweite, die Sterblichkeit des Menschen betonende Richtung eine immer größere Anzahl von Gebildeten: der *Materialismus*. Das entsprechende Gedankengut faßt der französische Arzt Julien Offray de la Mettrie (1709–1751) in seinem Buch *L'Homme machine* (1748, Der Mensch als Maschine) zusammen. Dieses Buch löst einen Skandal aus, der zur Flucht des Autors aus Holland an den Hof Friedrichs des Großen von Preußen (1712–1786) führt, wo er Aufnahme findet. Mit der Medizin seiner Zeit ebenso vertraut wie von der französischen Aufklärung beeindruckt, entfernt sich der preußische König zunehmend vom christlichen (reformierten) Glauben seiner Familie. Im Königreich Preußen verkündet er Glaubens- und Gewissensfreiheit, soll doch jeder «nach seiner Façon selig werden». In einem Gespräch mit Henri de Catt zeigt sich, daß der Hofmann an die Unsterblichkeit glaubt, nicht jedoch der Monarch: «Wie aber, mein Freund, können Sie daran glauben?» fragt der König. «Sehen Sie denn nicht, daß die Seele nur ein Produkt des Körpers (*une modification du corps*) ist, daß es also widersinnig ist, zu behaupten, sie könne allein fortbestehen, nachdem der Körper gestorben ist? Beide sind so eng miteinander verknüpft, daß sie ohne einander nicht bestehen können.» Das in französischer Sprache geführte Gespräch findet am 10. Juni 1758 statt. Damals ist aufgeklärtes Gedankengut dieser Art auf wenige Gebildete beschränkt. Es muß fast noch ein ganzes Jahrhundert vergehen, bevor es weite Kreise erreicht.

Als Ludwig Feuerbach (1804–1872) im Jahre 1830 eine Schrift gegen den Glauben an die persönliche Unsterblichkeit veröffentlicht, erregt dies das Mißfallen vieler Leser. Feuerbachs akademische Laufbahn ist beendet, und der Philosoph kann seine Botschaft nur als Privatgelehrter und Literat verbreiten:

> Nur wenn der Mensch wieder erkennt, daß es nicht bloß einen Scheintod, sondern einen wirklichen, wahrhaften Tod gibt, wird er den Mut fassen, ein neues Leben wieder zu beginnen, und das dringende Bedürfnis empfinden, absolut Wahrhaftes und Wesenhaftes, wirklich Unendliches, zum Vorwurf [Entwurf] seiner gesamten Geistestätigkeit zu machen. Nur wenn er die Wahrheit des Todes anerkennt, den Tod nicht mehr verleugnet, wird er wahrer Religiosität, wahrer Selbstverleugnung fähig werden.

Zeit seines Lebens polemisiert Feuerbach gegen die christliche Lehre von Himmel, Unsterblichkeit und ewigem Leben und macht sich zum Propheten der Endlichkeit des Menschen. Solche Polemik wird alsbald Früchte tragen, denn um die Mitte des 19. Jahrhunderts trat ein Wechsel des intellektuellen Klimas in Deutschland ein. Wie der im Jahre 1854 die Gemüter erhitzende Materialismusstreit offenbart, beruht die deutsche Naturwissenschaft jener Zeit bereits auf materialistischer Grundlage, und schon wenig später wird die neue Lehre von der Endlichkeit des Menschen in populären Schriften verbreitet.

In Göttingen findet im Jahre 1854 ein Kongreß deutscher Naturwissenschaftler statt. In einem der Hauptvorträge spricht der Mediziner Rudolf Wagner über «Menschenschöpfung und Seelensubstanz», wobei er sich zu einer traditionellen Sicht des Menschen bekennt. Der Mensch ist für ihn ein mit einer Seelensubstanz versehenes Wesen, und die Seelensubstanz entzieht sich naturwissenschaftlicher Betrachtung. Die Reaktion auf den Vortrag zeigt, daß sich zahlreiche Naturwissenschaftler einem

Materialismus verpflichtet fühlen, der die Existenz einer nichtmateriellen Seele leugnet. In der Zeit zwischen 1855 und 1899 artikuliert sich in der naturwissenschaftlichen Publizistik Deutschlands eine deutlich materialistisch geprägte Weltanschauung. Wortführer dieser Publizistik sind der Arzt Ludwig Büchner (1824–1899) und der Zoologe Ernst Haeckel (1834–1919), deren Schriften hohe Auflagen erleben; das gilt besonders von Büchners *Kraft und Stoff. Empirisch-naturphilosophische Studien* (1855) und Haeckels *Die Welträtsel* (1899), aber auch von Büchners *Das künftige Leben und die moderne Wissenschaft* (1889).

Grundlegend sind die Definitionen, die Büchner – in *Das künftige Leben und die moderne Wissenschaft* – den Begriffen «Seele» und «Geist» gibt –

> Begriffe, welche bekanntlich so oft zusammengeworfen oder verwechselt werden und durch diese Verwechslung eine heillose Verwirrung in die Seelenlehre gebracht haben. Diesem Übelstande läßt sich nicht mit geschraubten Definitionen, sondern nur auf anatomischem Wege abhelfen, indem man ... unter dem Wort *Seele* die Tätigkeit des *ganzen* Gehirns mit Einschluß des gesamten Nervensystems und als Vorstand desselben begreift, während man unter dem Worte *Geist* nur die Tätigkeit der in der grauen Hirnrinde enthaltenen Ganglien-Kugeln oder Nervenzellen, also die höchste psychische Tätigkeit, deren das Hirn fähig ist, versteht. Daher das Wort *Seele* den umfassenderen, allgemeineren, das Wort *Geist* den engeren, spezielleren Begriff oder eine Teilerscheinung der Seele bezeichnet.

Die Seele wird nicht mehr dem Körper gegenübergestellt, wie es der traditionelle Leib-Seele-Dualismus tut; vielmehr bilden beide eine, wie Haeckel sagt, «monistische» Einheit. Mit dem Tod des Menschen zersetzt sich der menschliche Körper, und das bedeutet auch das Ende aller seelischen Funktionen. Die Unsterblichkeit des Menschen wird ausdrücklich verneint: «Unser Monismus lehrt, daß wir sterbliche Kinder der Erde sind» (Haeckel).

Unsterblich ist allein das Universum und die Menschheit als Gattung:

> Im ewigen Lauf der Natur und Geschichte ist der Einzelne nichts, das Geschlecht alles; und Geschichte und Natur bezeichnen jeden ihrer Schritte nach Vorwärts mit unzähligen Leichenhügeln. Aber alle diese Hekatomben sind nicht umsonst gebraucht; und auf jeder derselben erhebt sich eine neue Phase der Menschlichkeit oder jener allgemeinen Unsterblichkeit, in welcher nichts verloren geht oder gehen kann.

Der Gedanke, daß nichts verloren gehen kann, ist für Büchner von grundlegender Bedeutung, sieht er ihn doch als Bestandteil des physikalischen Gesetzes von der «Erhaltung der Kraft». Dieses Gesetz bewirkt, daß auch jede Leistung des einzelnen Menschen erhalten bleibt. «Auch das kleinste Ereignis im Leben der Menschheit oder des Einzelnen zeichnet sich mit unverwischbarer Tinte in das große Buch des Schicksals ein und wirkt in der ununterbrochenen Kette von Ursache und Wirkung so lange fort, bis die gegenwärtige Ordnung der Dinge einer anderen Platz gemacht haben wird.» Innerhalb der «gegenwärtigen Ordnung der Dinge» kann – und soll – jeder Mensch seinen Beitrag leisten. «Mag dieser Beitrag noch so groß oder noch so klein sein, er kann im Leben des Ganzen nicht mehr untergehen, sondern klingt oder wirkt fort in alle Ewigkeit, in gleicher Weise wie im ewigen Kreislauf der Stoffe und Kräfte nichts verloren gehen kann.» So endet Büchners materialistische Philosophie mit einem Hymnus auf das «Buch des Schicksals» – zweifellos eine Reminiszenz an eine christliche Vorstellung – und einem Lob des Beitrags, den jeder Mensch für die künftige Weltentwicklung leistet.

Die neue Auffassung von Seele und Unsterblichkeit wird von einer kritischen Haltung gegen traditionelle religiöse Lehren begleitet. Gleichzeitig kommt es zu einer oftmals dem Pantheismus nahen, die Natur verehrenden Spiritualität. So ist Ernst Haeckel von einer glühenden, begeisterten Naturliebe beseelt. Dem Menschen ist das Glück geschenkt, «im Diesseits die Herrlichkeiten dieses Planeten zu genießen, die unerschöpfliche Fülle seiner Schönheit zu schauen und die wunderbaren Spiele seiner Naturkräfte zu erkennen». Haeckel ist empfänglich für ästhetische Werte und fordert die Ausbildung aller Schüler im Zeichnen und Aquarellieren – Tätigkeiten, die er selbst mit Lei-

1. Das Jenseits in neuzeitlicher Wissenschaft

denschaft betreibt. Nicht in geschlossenen Kirchenräumen soll der moderne Mensch Erbauung suchen, meint Haeckel, sondern in der Begegnung mit der vielfältigen und erhabenen Schönheit der Natur. Von dieser zu künden ist eine der Aufgaben des Naturwissenschaftlers, des Priesters der neuen Weltanschauung. Noch heute hört man ein an Haeckel erinnerndes Wort: Ich gehe lieber am Sonntag im Wald spazieren, da bin ich Gott näher als in der Kirche.

Im Lichte der neuen Naturfrömmigkeit wird die Bibel stark abgewertet. In diesem Buch haben wir es nach Haeckel mit einem «bunten orientalischen Sagenkreis» zu tun, mit Wundern, Zaubermärchen und Legenden von übernatürlichen Erscheinungen, «welche im Lichte der reinen Vernunft als unmöglich erscheinen». Die Bibel wird jedoch nicht einfach verworfen, denn «unzweifelhaft besitzen viele Sagen und Legenden der biblischen Geschichte (nicht alle!) einen hohen ethischen und pädagogischen Wert». Für das Gemüt ist die Bibel, den Schöpfungen von Kunst und Dichtung vergleichbar, «eine unerschöpfliche Quelle der Erbauung und des Trostes inmitten unseres unvollkommenen realen Lebens». Wenn jedoch Idealgebilde als «reale Wahrheiten» und als «übernatürliche Offenbarungen» ausgegeben sowie zu politischen Zwecken gebraucht werden, dann kommt es zu Mißbrauch und Aberglaube. Diese aber gilt es zu bekämpfen.

Während der Pantheismus nur eine kleine, philosophisch denkende Schicht erfaßte, die an kirchlicher Lehre kaum offene Kritik übte, haben sich die Naturwissenschaftler des 19. Jahrhunderts zu ihrer neuen, nicht mit dem Christentum zu vereinbarenden Lehre offen bekannt. Gelehrte wie Haeckel und Büchner artikulieren in unübertroffener Klarheit, was ein großer Teil der Gebildeten ihrer – und unserer – Zeit von der Unsterblichkeit der Seele halten. Es herrscht das Bewußtsein, daß die Naturwissenschaft die Grundlagen des Christentums widerlegt hat. Der Glaube an ein Leben nach dem Tod paßt in das naturwissenschaftlich verantwortete Weltbild nicht mehr; er gilt als überholt.

Wie das ausgehende 19. Jahrhundert über den Menschen und sein Schicksal denkt, läßt sich an Friedrich Nietzsche

(1844–1900) besonders deutlich ablesen. In seiner Generation entsteht, wie Nietzsche im Jahre 1880 notiert, der «Gedanke vom endgültigen Tode». Zwar hat es diesen Gedanken in der materialistischen Lehre antiker Philosophen wie Lukrez bereits gegeben, doch «die Wissenschaft hat ihn sich wiedererobern müssen, und zwar indem sie zugleich jede andere Vorstellung vom Tode und jedes jenseitige Leben ablehnte. Wir sind um Ein Interesse ärmer geworden: das ‹Nach-dem-Tode› geht uns Nichts mehr an! – eine unsägliche Wohltat, welche nur noch zu jung ist, um als solche weit- und breithin empfunden zu werden» (Nietzsche, *Morgenröthe*, Nr. 72). Der Mensch ist nichts anderes als ein hochentwickeltes Tier; weder in der Natur noch in der Metaphysik kann er eine Sonderstellung beanspruchen, etwa derart, daß er sich eine unsterbliche Seele zuschreibt, die er dem Tier aberkennt. Tier und Mensch sind sterbliche Wesen. So ergibt sich «das neue Grundgefühl: unsere endgültige Vergänglichkeit» (*Morgenröthe*, Nr. 49). Seinen Zarathustra läßt Nietzsche ausrufen: «Es gibt keinen Teufel und keine Hölle. Deine Seele wird schneller tot sein als dein Leib!»

Rückblick. – An dieser Stelle lohnt ein Rückblick auf die Auffassungen vom Menschen, die wir in verschiedenen Kapiteln dieser Studie erörtern und als «antike», «spätantike» und «neuzeitliche» Anthropologie bezeichnen (Kapitel I.1, II.1 und III.1). Die zeitliche Abfolge dieser drei unterschiedlichen Menschenbilder lädt dazu ein, sie mit dem von Auguste Comte (1798–1857) formulierten drei-Stadien-Gesetz in Beziehung zu setzen. Nach diesem einfachen, jedoch lehrreichen Schema lassen sich drei in der Geschichte der Menschheit aufeinander folgende Weltbilder unterscheiden: das stark von religiösen Vorstellungen geprägte Weltbild der Frühzeit der Menschheit; das für das Mittelalter charakteristische metaphysische Weltbild; das für die Gegenwart bestimmend gewordene «positive» Weltbild. Nach Comte ist die Abfolge der Stadien irreversibel; es ist für uns nicht möglich, hinter das positivistische, von der Wissenschaft – und insbesondere der Naturwissenschaft – bestimmte Stadium zurückzugehen, denn jedes Stadium löscht das vorherige aus. Für das

Christentum ergibt sich in diesem Zusammenhang das Problem, daß es im 1. Stadium entstanden und im damit verbundenen Weltbild verwurzelt ist; im 2. Stadium wird der Glaube metaphysisch zurechtgedeutet und kann sich in seiner neuen Form behaupten; im 3. Stadium muß das Christentum eine neue Identität finden oder ganz verschwinden. Was das Leben nach dem Tode angeht, so gibt es im religiösen Stadium eine Mehrzahl einschlägiger Vorstellungen, die sich teilweise im Neuen Testament spiegeln; im metaphysischen Stadium wird die Metaphysik der unsterblichen Seele das Leitbild; im 3. Stadium wird die Seelenvorstellung zumindest in der materialistischen Philosophie preisgegeben, und damit auch der Glaube an Himmel und Hölle. Wie wird die christliche Theologie reagieren?

2. Religiöser Abschied vom Jenseits

Seit dem 18. Jahrhundert zerfällt der zumindest für die westeuropäische Gesellschaft charakteristische christliche Grundkonsens. Viele, die das neuzeitliche Welt- und Menschenbild als das ihre anerkennen, lehnen den traditionellen Jenseitsglauben ab. Aber auch manchen christlichen Denkern gelten Himmel und Hölle als nur zeitbedingte Bestandteile des christlichen Glaubens; als solche können sie keinen Anspruch darauf erheben, zum Wesen des Christentums zu gehören. Die Linie der radikalen, solchem Gedankengut verpflichteten Theologen beginnt, nach einem Vorspiel im 16. Jahrhundert (Quintinus), mit Schleiermacher.

Im Banne des Pantheismus (Quintinus, Schleiermacher). – Nur selten erlauben uns die spärlichen Quellen einen Einblick in das geheimgehaltene Denken jener, welche an die von der Kirche verbotene Seelenlehre des Averroës anknüpfen. Im 16. Jahrhundert ist eine averroistische Lehre mit dem Namen des Niederländers Quintinus (Quintin d'Hainaut), Führer einer religiösen Bewegung in Frankreich, verbunden. Seine besondere Lehre führt alles Sein auf den göttlichen Geist (Spiritus Sanctus) zurück; das ganze Universum hat sein Leben und seine Energie vom Geist. Das gilt von allen materiellen Dingen ebenso wie von allen Lebewesen, besonders aber vom Menschen. «Nicht Seelen leben in uns Menschen (sagen sie), sondern Gott lebt in uns; er gibt unseren Leibern die Kraft und trägt alle zum Leben gehörenden Tätigkeiten», so lautet eine zeitgenössische Beschreibung dieser Lehre. Der Mensch besitzt nach dieser Auffassung keine eigene, substantielle Seele, vielmehr wohnt in ihm der ihn leitende göttliche Geist, denn Gott hat während der Schöpfung dem Menschen lediglich seinen göttlichen Geist eingehaucht, jedoch keine eigene Seele geschaffen. «Da formte Gott, der Herr, den Menschen aus Erde vom Ackerboden und blies in seine Nase den Lebensatem (*spiraculum vitae*). So wurde der Mensch zu einem lebendigen Wesen» (Gen 2,7). Der Mensch besitzt keine Seele, ist jedoch ein von Gott vorübergehend beseeltes Wesen; anders gesagt: der Mensch besitzt nur eine für kurze Zeit geliehene Seele. Mit dem Tod verläßt dieser Geist oder göttliche Lebensatem den Menschen wieder und die Individualität des einzelnen zerfällt; eine Unsterblichkeit gibt es daher nicht.

Der Seelenlehre des Quintinus ist im 16. Jahrhundert nur geringer Erfolg beschieden. Quintinus findet am französischen Hofe von Marguerite von Angoulême Unterstützung, doch die Gegnerschaft gegen seine Lehre und gegen ihn selbst ist gewaltig. Er gilt als Ketzer und gefährlicher, sittenloser Freigeist. Der französische Reformator Johannes Calvin ist Quintinus persönlich begegnet und hat gegen ihn eine Schrift verfaßt (*Contre la secte phantastique et furieuse des Libertins*, 1545). Da Quintinus' Schriften nicht erhalten sind, läßt sich seine averroistische Philosophie nur aus Calvins beißender Polemik rekonstruieren.

Quintinus hat offenbar keine Schüler hinterlassen, und so sollte lange Zeit vergehen, bis im 18. Jahrhundert das pantheistische Gedankengut in der Form, die ihm Spinoza gibt, in breiteren, auch theologischen Kreisen Anhängerschaft und Pflege findet. Tatsächlich wird die Philosophie Spinozas mit ihrer Gleichsetzung von Gott und Natur und ihrer besonderen Auffassung von der Endlichkeit des Menschen zur Modephilosophie der Gebildeten Deutschlands. Unter den Theologen steht vor allem Friedrich Schleiermacher (1768–1834) pantheistischem Gedankengut nahe; wie Spinoza, so verzichtet auch er auf die Annahme einer persönlichen Unsterblichkeit. Schleiermacher weiß sehr wohl, daß dies der kirchlichen Tradition widerspricht. In seinem Buch *Der christliche Glaube* (1830/31) erörtert er die neutestamentlichen Hinweise auf ein Leben nach dem Tod und erwägt zwei Interpretationen. Nach der einen sind «alle hierher gehörigen Reden Christi ... irgendwie bildlich und uneigentlich zu verstehen», so daß sich Jesus selbst keine «persönliche Fortdauer» zuschreibt. Nach der anderen ist der Glaube an ein Leben nach dem Tode so fest in der christlichen Lehrtradition verwurzelt, daß auf ihn nur um den Preis gänzlicher Umgestaltung des Christentums verzichtet werden könne.

Beiden Wegen – dem des traditionellen Glaubens und dem des Spinozismus – bleibt Schleiermacher gleichermaßen verpflichtet. Das ermöglicht ihm die Unterscheidung zwischen der offiziellen Kirchenlehre und dem jedem, besonders aber dem Gebildeten möglichen religiösen Privatbekenntnis. Als toleranter Denker läßt Schleiermacher den Frommen ihren traditionellen Glauben an ein Fortleben, doch legt er sich selbst die Überlieferung anders – nämlich im Sinne Spinozas – zurecht. In *Der christliche Glaube*, einem für eine kirchliche Leserschaft bestimmten Werk, behält Schleiermacher daher die traditionelle Lehre bei, während er sie in Veröffentlichungen mehr persönlichen Charakters aufgibt – so besonders in seinen *Reden über die Religion an die Gebildeten unter ihren Verächtern* (1799). Der damals dreißigjährige Schleiermacher läßt in den *Reden* keinen Zweifel an seiner Verehrung für den jüdischen Philosophen, den er in einem schwungvollen Gedicht feiert:

Opfert mit mir ehrerbietig
eine Locke den Manen
des heiligen verstoßenen Spinoza!
Ihn durchdrang der hohe Weltgeist,
das Unendliche war sein Anfang und Ende,
das Universum seine einzige und ewige Liebe,
in heiliger Unschuld und tiefer Demut
spiegelte er sich in der ewigen Welt.

In den *Reden* bekennt sich Schleiermacher nicht nur allgemein zu Spinoza, sondern auch speziell zum pantheistischen Gottesbegriff und der Auffassung vom Tod als Ende der individuellen menschlichen Persönlichkeit. Als im Jahre 1807 einer der Freunde Schleiermachers stirbt, schreibt er an dessen junge Witwe Henriette von Willich, mit einem Wiedersehen im Jenseits sei nicht zu rechnen:

> Liebe Jette, was kann ich Dir sagen? Gewißheit ist uns über dieses Leben hinaus nicht gegeben. Verstehe mich recht, ich meine keine Gewißheit für die Phantasie, die alles in bestimmten Bildern vor sich sehen will. Aber sonst ist dies die größte Gewißheit, und es wäre nichts gewiß, wenn es das nicht wäre, daß es keinen Tod gibt, keinen Untergang für den Geist. Das persönliche Leben ist ja aber nicht das Wesen des Geistes, es ist nur eine Erscheinung. Wie sich diese wiederholt, das wissen wir nicht, wir können nichts darüber erkennen, sondern nur dichten. (25. März 1807)

Es gibt zwar keinen Untergang für den menschlichen Geist, aber dieser Geist ist nicht persönlich und individuell zu denken: Das ist genau Spinozas Lehre. Zusätzlich spielt Schleiermacher mit dem Gedanken, daß die Natur – im Sinne von *deus sive natura* – in bestimmten Zeitabständen denselben Menschen noch einmal hervorzubringen vermag. Auch dieser Gedanke ist in den *Reden* von 1799 angedeutet. Als «Leben nach dem Tode» läßt sich diese Vorstellung allerdings nicht bezeichnen; vielmehr handelt es sich um Palingenese – etwas Identisches entsteht ganz neu, ohne daß es ein verbindendes Glied (eine unsterbliche, ins irdische Leben zurückkehrende Seele) gibt. Indem die Natur von Zeit zu Zeit identische Menschen hervorbringt, handelt sie wie ein Künstler, der mehrmals dasselbe Bild malt. Es ist deutlich, daß es für Schleiermacher keine Verheißung eines ewigen Lebens und keinen Himmel gibt; wir leben nur einmal. Sollte es Gott oder der Natur gefallen, einen Menschen hervorzubringen, der in allem einem schon einmal dagewesenen Menschen entspricht, so hat dieser mit seinem «Vorgänger» nichts zu tun.

Schleiermachers Verzicht auf ein Fortleben hat kritische wie zustimmende Reaktionen zur Folge. Seine konservativen Kritiker verweisen auf das peinliche Fehlen der Unsterblichkeit, «das eschatologische Loch» (Emil Brunner). Seine Bewunderer fordern Anerkennung für den Verzicht auf eine obsolet gewordene Lehrüberlieferung.

Die Endgültigkeit des Todes (Biedermann, Tolstoi, Sölle). – «Viele Laien» – nämlich protestantische Christen – «warten förmlich darauf, daß die christliche Religion den Gedanken eines Fortlebens nach dem Tode abstreift», berichtet Martin Rade im Jahre 1900; nur dann könnten sie sich in der Kirche «recht heimisch fühlen». Doch nicht nur Laien wünschen sich diese kräftige Revision des überlieferten Glaubensguts. Seit dem ausgehenden 19. Jahrhundert mehren sich auch theologische Stimmen mit deutlichem Bekenntnis zur Endgültigkeit des menschlichen Todes. Anders als Schleiermacher beschränken sie sich nicht mehr auf privat bleibende Umdeutungen der Tradition, sondern beharren auf einer großen Revision des Glaubens. Auch der Christ hat keinen Anlaß, auf ein ewiges Fortleben zu hoffen. Gott verwirklicht sein Reich innerhalb der irdischen Geschichte, nicht in einem Jenseits; an der Verwirklichung dieses Reiches hat der endliche Mensch Anteil, und darin besteht seine Würde – nicht in einem jenseitigen Leben; so nachzulesen in der *Christlichen Dogmatik* (1869) des Schweizer Theologen Alois Biedermann (1819–1885), den Rade als Beispiel einer theologischen Stimme anführt und dem er «unzweifelhafte persönliche Frömmigkeit» bescheinigt.

So deutlich wie Biedermann äußern sich allerdings nur wenige Autoren, doch diese wenigen schenken dem christlichen Denken eine neue Weite und Freiheit. Einer von ihnen ist Leo Tolstoi (1828–1910), der nicht nur große Romane wie *Krieg und Frieden* und *Anna Karenina* verfaßt, sondern im Alter auch eine beachtenswerte Deutung des Christentums vorlegt und literarisch verbreitet. Bereits Jesus schreibt er die Ablehnung der abergläubischen Annahme eines postmortalen Lebens zu; als Beleg dafür dient ihm der Hinweis Jesu, daß es nach dem Tode keine eheliche Verbindung unter den Menschen gebe (Lk 20, 34–35). «Nie hat Christus auch nur mit einem Wort die persönliche Auferstehung und die Unsterblichkeit der Persönlichkeit jenseits des Grabes bestätigt.» So steht für Tolstoi fest: «Daran kann ich nicht mehr zweifeln, daß mein persönliches Leben untergeht.»

Das eindrücklichste neuere Bekenntnis zur Endlichkeit des Menschen stammt von der evangelischen Theologin und Schriftstellerin Dorothee Sölle (geb. 1929). Nach ihrer Auffassung kann der Glaube an ein Leben nach dem Tod heute nicht mehr beanspruchen, unverzichtbarer Bestandteil christlicher Lehre zu sein. In ihren Memoiren schreibt Sölle:

> Die individuelle geistige, seelische und körperliche Existenz endet mit dem Tod. Das ist kein Gedanke, der mir Schrecken einflößt, daß ich ein Teil der Natur bin, daß ich wie ein Blatt herunterfalle und vermodere, und dann wächst der Baum weiter, und das Gras wächst, und die Vögel singen, und ich bin ein Teil dieses Ganzen. Ich bin zu Hause in diesem Kosmos, ohne daß ich jetzt meine Teilhaftigkeit, die ich vielleicht siebzig Jahre lang gehabt habe, weiterleben müßte.

Die Autorin beschwört das alte Bild von der Vergänglichkeit, aber auch der Erneuerung allen Lebens: das Bild des Baumes, der sein altes Laub verliert und neues Laub hervorbringt. Bei Homer und im jüdischen Buch Jesus Sirach wird dieses Bild überliefert:

> Gleich wie Blätter im Walde, so sind die Geschlechter der Menschen:
> Einige streut der Wind auf die Erde hin, andere wieder
> treibt der knospende Wald, erzeugt von des Frühlings Wärme:
> So der Menschen Geschlecht – dies wächst und jenes verschwindet.
> (*Ilias* 6, 146–147, übersetzt von H. Voß)

> Wir alle werden alt wie ein Kleid;
> es ist ein ewiges Gesetz: alles muß sterben.
> Wie sprossende Blätter am grünen Baum:
> das eine welkt, das andere wächst nach –
> so sind die Geschlechter von Fleisch und Blut:
> das eine stirbt, das andere reift heran.
> Alle ihre Werke vermodern. (Sir 14,17–19)

Das aus Homer und Bibel geschöpfte Bild veranschaulicht die Erfahrung der Vergänglichkeit: Als Teil der Natur kommt dem Menschen kein besonderes Privileg zu. Ihr Bekenntnis faßt Sölle wie folgt zusammen: «Ich bin endlich, ich werde sterben, ohne darüber verzweifeln zu müssen.» Grund der Freiheit von Angst und Verzweiflung ist die durch den christlichen Glauben erkannte Befreiung: Der von Gott entfremdete, sündige Mensch beansprucht Unsterblichkeit; der erlöste Sünder ist als von Gott begnadeter Mensch von der krampfhaften Fixierung auf sein Ich frei geworden. Er kann sein Leben, sein Ich «loslassen». So erscheint der Abschied vom ewigen Leben als ein begründeter, frommer und vielleicht sogar froher Abschied. Sölle weiß freilich, daß sich die Kirchen als «amtliche» Vertreter des Christentums mit einer solchen Sicht nicht anzufreunden vermögen. Daher schließt sie ihre Memoiren mit einem Brief an ihre Kinder, in dem es heißt: «Es ist, als hätten wir Eltern kein bewohnbares Haus der Religion anzubieten, nur ein verfallenes.»

3. Zwischenspiel: Religiöser Abschied vom Wissen

Der von Schleiermacher eingeleitete Abschied vom Leben nach dem Tod und damit vom traditionellen Himmelsglauben überzeugt nicht alle christlichen Theologen. Gegen Ende des 19. Jahrhunderts setzt ein längeres Zwischenspiel ein, das eine verhaltene Rückkehr zum Himmelsglauben mit sich bringt. Dieser neue Himmelsglaube verzichtet unter Berufung auf die Philosophie Kants auf jede Anschaulichkeit und alles genaue Wissen über das Jenseits.

Berufung auf Kant. – Die Ende des 19. Jahrhunderts lebende Generation deutscher Philosophen und Theologen erlebt eine umfassende Kant-Renaissance. Denker wie Hermann Cohen und Paul Natorp begründen den Neukantianismus. Die damals einflußreichste Richtung innerhalb der protestantischen Theologie: die zwischen 1875 und 1925 florierende, sich an Albrecht Ritschl (1822–1889) anschließende «Schule», ist dem Gedankengut Kants in vielfältiger Weise verpflichtet. Kant bildet den «unverrückbaren Maßstab» (Ritschl) für die Theologie. Es scheint in jener Zeit fast unmöglich, nicht von Kants Denken berührt zu werden. Im Jahre 1899 legt der junge Albert Schweitzer der philosophischen Fakultät der Universität Straßburg eine Doktorarbeit über Kants Religionsphilosophie vor. Im Jahre 1900 erklärt Ernst Troeltsch, es sei geboten, «die gegebene dogmatische Ideenwelt an eine kantisierende inhaltliche Auffassung des Christentums zu adaptieren», was besagen will: Die traditionelle christliche Lehre ist nach den Grundsätzen der Philosophie Kants umzugestalten. In den Jahren 1904–1908 studiert Karl Barth Theologie; «das erste Buch, das mich als Student wirklich bewegt hat, war Kants *Kritik der praktischen Vernunft*», erinnert er sich später.

Auch die theologische Lehre über die Unsterblichkeit steht in jener Zeit in intensivem Austausch mit Kants Religionsphilosophie. In seiner *Philosophie des Protestantismus* (1917) legt Julius Kaftan (1848–1926) dar, wie der Königsberger Philosoph «die Möglichkeit einer über die Erfahrung hinausreichenden Erkenntnis» beweist und so zeigt, daß die Unsterblichkeit nicht unter den Bannfluch philosophischer Kritik geraten muß, um «ins Reich der Schatten und des Nichts» zu versinken; vielmehr ist sie «als real und praktisch erkennbar». Für die Lehre vom ewigen Leben ergeben sich aus dem an Kant geschulten Denken zwei Einsichten: die Anerkennung menschlicher Unsterblichkeit und die Begrenzung der kirchlichen Lehre auf ein wissenschaftlich vertretbares Minimum.

Obwohl Kants Postulat der Unsterblichkeit positiv gewürdigt wird, gilt es als theologisch nicht ausreichend. Für die Ritschlianer bringt es zwar die unstillbare Sehnsucht des Menschen zum Ausdruck, aber bildet noch keine genügende Grundlage für die christliche Hoffnung. Die christliche Lehre über die Unsterblichkeit formuliert Ritschl – anders als Kant – nicht als Postulat der praktischen Vernunft, sondern als Forderung, die sich aus dem Bewußtsein des Glaubens selbst ergibt. Während seines irdischen Lebens verbindet sich der Fromme so innig mit Gott, daß ihm eine Auflösung dieser Verbindung im Tod unvorstellbar ist. So wird das Fortleben zu einem Postulat der religiösen Vernunft. Doch legt Ritschl, Kant folgend, Wert auf die Feststellung, daß wir keinerlei Erfahrung über den *Inhalt* des ewigen Lebens haben und folglich der frommen Phantasie größte Zurückhaltung auferlegt sei. Vom Jenseits kann nur symbolisch geredet werden.

Symbolische Rede vom Himmel (von Ritschl bis Bultmann). – In Albrecht Ritschls *Unterricht in der christlichen Religion* (1875) heißt es:

> So entschieden nun die subjektive Gewißheit dieses Zieles [d. h. des ewigen Lebens] in dem Gefühle vom Werte unseres christlich ausgebildeten Lebens ist, so undeutlich bleiben notwendig die besonderen Anschauungen von dessen Herbeiführung und jenseitiger Ausgestaltung, weil unsere gegenwärtige Erfahrung nicht daran reicht. Deshalb haben alle im Neuen Testament dargebotenen Formen der Vorstellung von den letzten Dingen eine symbolische Bedeutung, und auch diejenigen Beziehungen, welche als Schemata der religiösen Hoffnung anerkannt werden müssen (dahin gehört die Erwartung des Fortlebens in einem dem Geiste völlig entsprechenden Leibe...), lassen sich nicht mit einem direkt anschaulichen Inhalte ausfüllen.

Diese Formulierung ist oft aufgenommen und nur wenig variiert worden. Der Glaube an die Unsterblichkeit ist «auf das ‹Daß› gerichtet und nicht auf das ‹Wie›, auf die Tatsache..., nicht auf die Art ihres Vollzugs», heißt es in Kaftans *Dogmatik*. Die in der Bibel verheißene Auferstehung bringt den Gläubigen «die Aufhebung des Schattenhaften in ihrem Dasein, die endliche definitive Verherrlichung... Jede bestimmtere Vorstellung von ihr übersteigt jedoch unser Erkennen und Verstehen».

Die traditionellen Lehren, sei es über ein «Wiedersehen» der Verwandten, sei es über das postmortale «Sein bei Christus», sind nach diesem Ansatz nicht wörtlich, sondern bildlich und symbolisch zu verstehen. «Bilder» und «Symbole» lassen weder eine sichere Erkenntnis zu, noch vermitteln sie eine inhaltliche Information. Dennoch gibt es eine Würde des Symbols, und der Gläubige muß sich, so Theodor Haering, «von der geheimen Angst» lösen, «ein symbolischer Ausdruck sei ein unwahrer Ausdruck, Bezeichnung für etwas Irreales, nur in der Phantasie

Vorhandenes». Haering meint, es werde bald als «unfromm» gelten, wenn es ein Christ unternimmt, die biblischen Bilder vom Jenseits «im einzelnen auszudeuten». Daher muß alles über das Jenseits Gesagte notwendigerweise sehr kurz und sehr bescheiden ausfallen. «Über die Schicksale ... des Individuums jenseits der Sinnenwelt werden wir weniger spekulieren dürfen als früher, wenn wir auch den Glauben nicht fahren lassen können», lesen wir bei Troeltsch in einer Abhandlung aus dem Jahre 1900.

Die originellste Interpretation des Unsterblichkeitsglaubens innerhalb der Schule von Ritschl stammt von Wilhelm Herrmann (1846–1922). Der Ehrlichkeit des Materialisten Ernst Haeckel bekundet Herrmann in einem 1905 veröffentlichten Aufsatz ausdrücklich seinen Respekt. Auch akzeptiert er dessen wissenschaftliche Einsicht in den Tod des Menschen. Es ist eine «Tatsache, daß die Existenz des einzelnen Menschen in der unermeßlichen Welt untergeht, aus der sie hervorging. Wer sich das zu verbergen sucht, wird nicht fromm, sondern täuscht sich selbst. Es wäre ihm viel besser, wenn er den Mut gewänne, es ruhig über sich ergehen zu lassen, daß ihm die wissenschaftliche Erkenntnis nichts anderes über seine Existenz zu sagen hat.» Die von Haeckel vertretene Weltanschauung hat längst insgeheim alle Menschen unserer Zeit erfaßt, denn «indem wir die Erzeugnisse der Industrie benutzen, bejahen wir im Stillen die Idee, unter deren Leitung sie möglich wurden. Das müssen wir uns ehrlich eingestehen», stellt Herrmann im Jahre 1908 fest.

Gleichzeitig folgt Herrmann seinem Lehrmeister Kant darin, daß er die Unsterblichkeit des Menschen postuliert. An Haeckel kritisiert Herrmann, daß dieser die Grenze naturwissenschaftlicher Erkenntnis überschreitet und meint, die Wissenschaft könne die ganze Wirklichkeit erfassen. Unsterblichkeit, so formuliert er in seiner *Dogmatik*, sei «eine Tatsache, die bestimmte Menschen in ihrem Glauben an Gott erfahren». Die Vorstellung, der Mensch werde durch den Tod unwiderruflich vernichtet, ist für Herrmann mit dem christlichen Glauben nicht vereinbar. Herrmanns Ausführungen laufen auf eine doppelte Wahrheit hinaus: Nach der Naturwissenschaft ist der Mensch sterblich; nach der als «höher» eingestuften Erkenntnis des Glaubens ist er unsterblich – und zwischen beiden Arten der Wahrheit gibt es keine Brücke, sondern nur eine Unterscheidung – eine, die man als jene zwischen wissenschaftlicher und existentieller Wahrheit bezeichnen mag. Worin das unsterbliche Leben letztlich besteht, verrät Herrmann nicht; in seiner *Ethik* deutet er an, es könne sich nicht um eine Fortsetzung des irdischen Lebens handeln: «Wer Art und Inhalt des durch die Welt genährten Lebens kennenlernt, wird lebenssatt und läßt den Wunsch, von neuem dasselbe anzufangen, nicht mehr bei sich aufkommen.»

Rudolf Bultmann (1884–1976), ein Schüler Wilhelm Herrmanns und wie sein Lehrer Professor der evangelischen Theologie in Marburg, darf als der letzte große Vertreter der Ritschlschen Schule gelten. Wie Herrmann ist auch er der Auffassung, der moderne Theologe müsse sich das neuzeitliche Welt- und Menschenbild zu eigen machen. In seiner Schrift *Neues Testament und Mythologie* (1941) stellt Bultmann das moderne, von der Naturwissenschaft geprägte, materialistische Weltbild dem mythischen Weltbild des Neuen Testaments gegenüber. Jesu Auferstehung vom Tode, seine Himmelfahrt und seine Herrschaft in Gottes Welt setzt ein aus Totenreich, Erde und Himmel bestehendes Weltgebäude voraus. Nach dem modernen Weltbild ist das Leben mit dem Zerfall des menschlichen Leibes im Tod zu Ende, denn der Tod ist «ein einfacher und notwendiger Naturvorgang». Die Vorstellung von der postmortalen «Versetzung in eine himmlische Lichtwelt, in der das Selbst himmlische Gewänder, [nämlich] einen pneumatischen Leib erhalten soll», ist für den heutigen Menschen sowohl nichtssagend als auch rational nicht nachvollziehbar. Kann die christliche Verkündigung dem Menschen heute zumuten, mythische Vorstellungen dieser Art und das ihnen zugrunde liegende Weltbild als wahr anzuerkennen? Bultmanns Antwort:

> Das ist sinnlos und unmöglich. *Sinnlos*; denn das mythische Weltbild ist als solches gar nichts spezifisch Christliches, sondern es ist einfach das Weltbild einer vergangenen Zeit, das noch nicht durch wissenschaftliches Denken geformt ist. *Unmöglich*; denn ein Weltbild kann man sich nicht durch einen Entschluß aneignen, sondern es ist

dem Menschen mit seiner geschichtlichen Situation je schon gegeben. ... vor allem ist es unmöglich, das mythische Weltbild zu repristinieren, nachdem unser aller Denken unwiderruflich durch die Wissenschaft geformt worden ist. Ein blindes Akzeptieren der neutestamentlichen Mythologie wäre Willkür.

Diese Absage an die biblische Mythologie führt indes nicht zur Forderung, auf den Jenseitsglauben zu verzichten. Im Jahre 1953 in einer Rundfunkdiskussion nach dem Jenseits befragt, sagt Bultmann, geläufige Formeln der Ritschl-Schule aufgreifend: Der Gläubige müsse «darauf verzichten, die Zukunft, die Gott im Tode schenkt, auszumalen»; «die christliche Hoffnung weiß, *daß* sie hofft, sie weiß aber nicht, *was* sie erhofft.»

Als Ergebnis läßt sich festhalten, daß innerhalb der im Banne Kants stehenden Theologie die Lehre von der Unsterblichkeit zwar festgehalten wird, aber zugleich aus der Mitte des Lehrbestands an den Rand rückt. Sie wird inhaltsarm und marginal. Sie wird so marginal, daß (gegen Albrecht Ritschl und Wilhelm Herrmann) schon der Vorwurf erhoben wurde, sie glaubten an kein Fortleben nach dem Tode. So wenig dieser Vorwurf berechtigt erscheint, so verständlich ist er. Da nur noch das «Daß», aber nicht mehr das «Wie» dieses Lebens gelehrt wird, muß die minimalistische Auffassung ihren rechtgläubigen Gegnern als Bruch mit einer großen christlichen Überlieferung erscheinen.

Ein spöttisches, gegen Albrecht Ritschls Lehre vom ewigen Leben gerichtetes Wort lautet: «Das eschatologische Bureau ist geschlossen» (Johann Peter Lange). In seiner *Dogmatik* hat Ernst Troeltsch das bissige Wort aufgenommen und gesagt: «Es ist geschlossen, weil die Gedanken, die es begründeten, die Wurzeln verloren haben.» So muß das «eschatologische Bureau» tatsächlich geschlossen bleiben, und es gehört zur Wahrhaftigkeit, dies einzugestehen. In den Worten von Emanuel Hirsch: «Ehrlichkeit wie Eingeständnis des Nichtwissens und Verzicht auf leeres Gerede mit Bezug auf das Leben nach dem Tode ist das, was den echten Prediger und Seelsorger heute am tiefsten vom Pfaffen unterscheiden muß.»

4. Die Rettung des Himmels

Die Theologie ist bei dem sich auf Kant berufenden Verzicht des Wissens über das Jenseits nicht stehengeblieben. Namhafte christliche Denker – insbesondere der reformierte Dogmatiker Karl Barth (1886–1968) und der Jesuitenpater Karl Rahner (1904–1984) – knüpfen wieder an Schleiermachers (seinerzeit als Privatmeinung geäußerte) Lehre von der radikalen Endlichkeit des Menschen an. Doch sie retten den Himmel auf eine eigentümliche Weise.

Theozentrische Endlichkeit (Barth, Rahner). – Nach Barth besitzt der Mensch nur ein einziges Leben, das mit der Geburt beginnt und mit dem Tod endet. Da dies «unser wirkliches, aber auch einziges Leben» ist, erläutert Barth, erwarte er «nicht ein in irgendeine unendliche Zukunft hinein fortgesetztes und in dieser Zukunft irgendwie verändertes Leben» (*Kirchliche Dogmatik*, III/2, 760). Anders gesagt: Nach dem Tod gibt es für den Menschen eine Vergangenheit, aber keine Zukunft. Entsprechend äußert sich auch Rahner: «Mit dem Tod ist zunächst einmal alles aus. Das Leben ist vorbei, es kommt nicht wieder, es wird einem nicht ein zweites Mal geschenkt.» Das Fortleben nach dem Tod ist nicht «eine Weitererstreckung zeitlich hintereinander sich reihender Vollzüge und Erlebnisse eines neutral substantiellen Etwas [der Seele], das sich durch immer neue Zeiträume weiterschiebt und in solchen immer anderen Zeitstücken immer wieder etwas Neues tut». Der Tod läßt sich, nach einem Wort von Ludwig Feuerbach, nicht als Pferdewechsel auf einer weitergehenden Reise darstellen.

Bevor das Leben des endlichen Menschen endgültig erlischt, gibt es nach Auffassung der beiden christlichen Denker noch einen Augenblick bewußter Begegnung mit Gott. Diesen Augenblick zu beschreiben, fällt nicht leicht. «Ich habe öfters versucht, mir das auf folgende Weise vorzustellen», berichtet Barth in seiner Auslegung des christlichen Glaubensbekenntnisses: «Unser Leben ist unter einer Decke verborgen. In der Auferstehung wird diese Decke weggezogen, und unser ganzes Leben von der Wiege bis zum Grabe wird in der Klarheit geschaut, in seiner Einheit mit dem Leben Christi, in dem Glanz seiner Barmherzigkeit, der Gnade und der Macht Christi.» Zur Verdeutlichung zitiert Karl Barth ein Gesangbuchlied von Christian Fürchtegott Gellert (1715–1769):

> Dann werd' ich das im Licht erkennen,
> Was ich auf Erden dunkel sah,
> Das wunderbar und herrlich nennen,
> Was unerforschlich hier geschah.
> Dann schaut mein Geist mit Lob und Dank
> Die Schickung im Zusammenhang.

Nach Barth wirkt sich die Begegnung mit Gott so aus, daß das Leben nicht mehr nur als eine unlogische, wirre Abfolge von Episoden erscheint, sondern als ein Kunstwerk, das unter der geheimen, damals unbegriffenen und unbegreiflichen Führung Gottes stand.

Ähnlich wie Barth versucht auch Rahner, ein Bild jenes Augenblicks zu entwerfen, in dem der sterbende Mensch vor Gott hintritt. In einem im Jahre 1984 – dem Jahr seines Todes – gehaltenen Vortrag äußert sich Rahner über den traditionellen Himmelsglauben wie folgt:

> Mir will scheinen, daß die Vorstellungsschemen, mit denen man sich das ewige Leben zu verdeutlichen sucht, meist wenig zur radikalen Zäsur passen, die doch mit dem Tod gegeben ist. Man denkt sich das ewige Leben, das man schon seltsam als «jenseitig» und «nach» dem Tod weitergehend bezeichnet, zu sehr ausstaffiert mit Wirklichkeiten, die uns hier vertraut sind als Weiterleben, als Begegnung mit denen, die uns hier nahe waren, als Freude und Friede, als Gastmahl und Jubel und all das und ähnliches als nie aufhörend und weitergehend. Ich fürchte, die radikale Unbegreiflichkeit dessen, was mit ewigem Leben wirklich gemeint ist, wird verharmlost. Und was wir unmittelbare Gottesschau in diesem ewigen Leben nennen, wird herabgestuft zu einer erfreulichen Beschäftigung neben anderen, die dieses Leben erfüllen; die unsagbare Ungeheuerlichkeit, daß die absolute Gottheit nackt und bloß in unsere enge Kreatürlichkeit hineinstürzt, wird nicht echt wahrgenommen.

Der Tod, so lautet Rahners These, ist eine große Zäsur, ein Einschnitt, der irdisches Leben und Ewigkeit voneinander trennt. Im Tod wird der Mensch vor Gott gestellt. Was dabei geschieht, läßt sich nur dichterisch und bildlich ausdrücken: Der Tod stellt den Menschen in «eine ungeheuerlich schweigende Leere»; in dieser Leere behält der Mensch von seinem vergangenen Leben nur wenig, da das meiste aus unserem Bewußtsein entschwindet. Der Engel des Todes wird «all den nichtigen Müll, den wir unsere Geschichte nennen», aus den Räumen unseres Geistes hinausschaffen. Die so entstehende Leere wird vom Licht Gottes erfüllt werden – «von dem Urgeheimnis, das wir Gott nennen, von seinem reinen Licht und seiner alles nehmenden und alles schenkenden Liebe». Aus diesem Licht blickt uns auch «das Antlitz Jesu» an. Rahners Versuch einer poetischen Beschreibung erinnert deutlich an Dante, kennzeichnen doch göttliches Licht und das sichtbare Antlitz Christi auch die Gottesschau der *Divina Commedia*.

Ähnlich wie Rahner und Barth scheint sich auch die um eine Bekehrung zum Christentum ringende französische Philosophin Simone Weil (1909–1943) den Tod vorgestellt zu haben. Nach ihrer Aufzeichnung vom März 1942 bedeutet der Tod eine Vernichtung des Ich, wenngleich «eine Auslöschung, die Licht ist» (*un anéantissement qui est lumière*).

Auf die Frage, was im «ewigen Leben» vom Menschen bleibt, haben weder Rahner noch Barth eine unmißverständliche Antwort gegeben. Nach einer naheliegenden Deutung ist das ewige Leben nichts anderes als – in der Formulierung von Friedrich Beißner – «die heilende Aufbewahrung des hier gelebten Lebens» durch Gott; «die Bergung dessen, was vor dem Tode von uns und mit uns geschehen ist». So bleibt das endliche, im Tod erloschene Leben ewig in Gott geborgen.

Und die Hölle? – In der neuzeitlichen Theologie wird der Begriff der Hölle einer kräftigen, die bisherige Tradition verändernden Neudeutung unterzogen. Dafür wird eine grundlegende Unterscheidung zwischen weltbildbedingter Ausdrucksweise und gemeintem Sinn eingeführt. Die angezielte theologische

Aussage ist zeitenthoben, abstrakt und gültig, die weltbildhaften Elemente dagegen gelten als variabel und austauschbar. Auf diese Weise wird das riesige, unterirdisch vorgestellte Gefängnis mit seiner teuflischen Folter- und Vernichtungsmaschinerie zu einer theologisch unverbindlichen Bilder- und Symbolwelt degradiert, deren Sinn nichts anderes ist, als auf qualvolle Gottesferne hinzuweisen. Zwar ist die «qualvolle Gottesferne» immer noch ein Bild, jedoch eines, das auf die sadistischen Strafphantasien vergangener Zeiten verzichtet und so geeignet ist, den begrifflich nur schwer faßbaren Sinn anzuzeigen. Auf diese Weise entmythologisiert und seiner schaurigen Faszination entkleidet, erscheint das, was die Überlieferung «Hölle» nannte, für eine moderne Theologie brauchbar.

Auch der entmythologisierte Höllenbegriff enthebt freilich die Theologie nicht, genauere Auskunft über das Schicksal in der Gottesferne zu geben. Werden die Verdammten ewig in der Hölle gequält? Oder nach dem Tod für immer ausgelöscht? Oder durch eine Art Reinigung dem ewigen Leben zugeführt? Erwogen werden heute vor allem die schmerzliche Auslöschung und die sogenannte Allversöhnung. Während die im Tode geschehende Vernichtung der Bösen vor allem von wenigen Außenseitern wie Thomas Hobbes (1588–1679) und Simone Weil vertreten wird, hat die der Auslöschungsidee entgegengesetzte Lehre von der Allversöhnung heute viele prominente Anhänger.

Allversöhnung besagt: Alle Lehren über die Hölle sind im Grunde genommen überflüssig, denn Gottes Heilswillen ist so groß, daß schließlich alle Menschen in den Himmel kommen. Am Ende werden alle Lebewesen, die sich von Gott entfernt und ihm entfremdet haben, geläutert zu ihm zurückkehren, um sich mit ihm in ewiger Harmonie zu vereinigen. Diese Vorstellung von einer «Allversöhnung» (Apokatastasis) wird von jenen Theologen unterstützt, die vom Heilswillen Gottes und der Liebe Gottes zu allen seinen Geschöpfen überzeugt sind; Paulus (1 Kor 15,24ff; Röm 11,32) und Origenes gelten als Kronzeugen. Im frühen 19. Jahrhundert vertritt diese Lehre vor allem Friedrich

4. Die Rettung des Himmels

Schleiermacher; ihm folgt, mit großer Zurückhaltung, Karl Barth im 20. Jahrhundert.

Nach Karl Barth wissen wir nur von einem einzigen Menschen, daß er das Höllenschicksal erlitten hat: Jesus Christus. Die Hölle habe nur einen Augenblick lang über Christus triumphiert, «damit sie nie mehr, über keinen mehr triumphieren dürfe und könne» (Barth, *Kirchliche Dogmatik* II/2, 551). Zum Verständnis dieser Auffassung müssen wir beachten, daß der reformierte Theologe an den Reformator Johannes Calvin anknüpft; nach Calvin besagt der Höllenabstieg Christi, dieser habe nicht nur den leiblichen Tod erfahren, sondern auch «die furchtbaren seelischen Qualen des verdammten und verlorenen Menschen» erlitten (*Institutio* II, 16, 10). Außerdem ist ins Gedächtnis zu rufen, daß es für Barth kein zeitlich ausgedehntes jenseitiges Leben gibt, sondern nur einen auf den Tod folgenden Augenblick, in welchem sich Gottesnähe und Gottesferne ereignen. Nach diesem Augenblick gibt es nur noch eine Bergung des gewesenen menschlichen Lebens in Gott, aber kein neues, zweites Leben mehr. Das stellvertretende Auf-sich-Nehmen der Gottesferne durch Christus erspart *den an ihn Glaubenden* das Schicksal der Verdammnis; ob Gott das Heil auf mehr – und vielleicht alle – Menschen ausdehnt, vermag Barth nicht zu sagen. So hält Barth die Möglichkeit einer Allversöhnung offen, doch gilt es ihm als unangemessen, darüber ein Urteil abzugeben: Gott läßt sich nicht in die Karten blicken.

Auf katholischer Seite gehen Dichter und Denker wie Georges Bernanos in Frankreich, Giovanni Papini in Italien, Werner Bergengruen in Deutschland und Ferdinand Ebner in Österreich voran und motivieren Theologen wie Hans Urs von Balthasar und Karl Rahner, die Höllenlehre neu zu überdenken – vielleicht das einzige Beispiel für den Einfluß von Laien auf die Umgestaltung einer kirchlichen Lehre.

Anders als Barth verzichtet Rahner auf christologische Spekulationen. Er definiert die Hölle als «die endgültige Verlorenheit des Menschen in einer letzten Trennung von Gott». Er hält es für möglich, daß ein Mensch eine «personale, freie, letzte Entscheidung gegen Gott fällt», eine Entscheidung, durch die er sich selbst von der Gemeinschaft mit Gott ausschließt und so der Verdammnis anheimfällt. Die mit dem Begriff der Hölle angezeigte Selbstverdammung des Menschen erscheint ihm sinnvoll, «wenn man an Auschwitz denkt, wenn man die ungeheuerlichen, gräßlichen Ereignisse der Weltgeschichte mit ihrer Verworfenheit, mit ihrem wahnwitzigen Egoismus, mit ihrer Grausamkeit bedenkt». Doch auch Rahner will seine Ausführungen nicht ohne ein Wort der Hoffnung abschließen, denn «Gott erlaubt mir, weil ich für mich hoffe, auch für alle andern zu hoffen».

Erhellend ist der Vergleich zwischen Rahner, Bergengruen und Ebner, denn dieser zeigt, daß sich der Theologe dem Votum der Laien nur zögernd anzuschließen vermag. In seinem Gedicht «Stimme Gottes» läßt Werner Bergengruen (1892–1964) Christus sagen:

Wenn die letzten Tuben tönten
von beglühten Wolkenspitzen,
werden auch die Unversöhnten
mit an meinem Tische sitzen.

Für Christus ist der Verzicht auf Rache selbstverständlich, meint Ferdinand Ebner (1882–1931), für die hartherzigen Theologen nicht: «Alle, die im tiefsten Grunde ihres Herzens nicht vergeben können, glauben natürlich auch, daß Gott nicht vergeben könne, und darum erfinden sie die ewige Höllenpein. Wie sehr sie mit dieser Erfindung Gott, der die Liebe ist, schmähen, das wissen sie nicht.» So verfügen Dichter und Philosoph über einen von kirchlicher und theologischer Lehre noch nicht eingeholten Vorsprung.

5. Epilog: Zwei Glaubensweisen

Die Vertreter der neuzeitlichen Theologie – von Schleiermacher bis Bultmann und Sölle, aber auch von der Ritschl-Schule bis Barth und Rahner – setzen ein besonderes Verständnis vom Wesen der Religion voraus. Dieses Verständnis beruht auf der Unterscheidung zwischen Religion und Glaubenssätzen: *Religion ist ihrem Wesen nach etwas anderes als das Fürwahrhalten von Glaubenssätzen.* Diese Auffassung geht auf die Theologie der deutschen Romantik zurück; ihre erste und bis heute einflußreiche Darstellung findet sich in zwei Schriften: in Johann Gottfried Herders Buch *Von Religion, Lehrmeinungen und Gebräuchen* (1798) und Friedrich Schleiermachers *Reden über die Religion* (1799). Unsere abschließende Überlegung gilt der romantischen Religionsauffassung, denn sie vermag uns zu einem besseren Verständnis des modernen Abschieds von überlieferten Himmels- und Höllenbildern zu verhelfen.

Nach dem traditionellen, auch heute noch verbreiteten Glaubensverständnis ist Glaube das «Fürwahrhalten der göttlichen Offenbarungswahrheiten um der Autorität des offenbarenden Gottes willen» (Ludwig Ott). Offenbarungswahrheiten werden in Lehrsätzen – den sogenannten Dogmen – formuliert, die dem Gläubigen als verbindlich gelten. Beispiele für Glaubenssätze finden sich in allen traditionellen katholischen und protestantischen Lehrbüchern der Dogmatik. Im Lehrbuch von Bernhard Bartmann (1921) wird die Lehre über das ewige Leben folgendermaßen wiedergegeben:

> Satz. Es gibt einen Himmel oder ein ewiges Leben, in welchem die Gerechten endlos an der Seligkeit Gottes teilnehmen.
> Satz. Es gibt einen jenseitigen Strafzustand, in welchem die von Gott abgewandten Bösen ihre ewige Vergeltung empfangen.

Merksätze dieser Art sollen alle Gläubigen für wahr erachten. Das Lehrbuch des katholischen Theologen Bartmann wird zwar heute in der theologischen Ausbildung nicht mehr gebraucht, doch verdeutlicht es die Art und Weise, wie die traditionelle katholische und evangelische Theologie bis heute ihren Stoff präsentiert: als eine Sammlung von sorgfältig formulierten, das Glaubensgut definierenden Sätzen. Von allen Mitgliedern der Kirche wird eine wenn nicht formelle, so doch tatsächliche Zustimmung verlangt.

Gegen dieses dogmatische Glaubensverständnis grenzt sich die Theologie der Romantik und in ihrem Gefolge die Theologie der Gegenwart energisch ab. Gegenstand des Glaubens sind nicht Sätze; der Glaube ist – in der Formulierung Schleiermachers – das «Gefühl der schlechthinnigen Abhängigkeit» von Gott. Heinrich Ott faßt die romantische Auffassung vom Glauben – die er sich selbst zu eigen macht – wie folgt zusammen:

> Glaube ist nicht ein Glauben an «Sachverhalte», er ist kein Fürwahrhalten von Sätzen. Er ist kein objektives Wissen, wie das Bescheidwissen um Dinge in der Welt – mit dem einzigen Unterschied, daß er sich auf eine «übernatürliche Information» beriefe. ... Glaube ist darum auch nicht additiv zu verstehen, als bloße Summierung von Einzelmomenten. Dies wäre er, wenn er sich auf einzelne Glaubenssätze bezöge, wenn diese sein «Objekt» wären. Nun aber bezieht er sich auf eine einzige, unteilbare, freilich unsichtbare Person [nämlich auf Gott selbst].

Angesichts der Priorität des Glaubens an Gott stellt sich naturgemäß die Frage, «wohin denn jene Dogmen und Lehrsätze gehören, die gemeiniglich für den Inhalt der Religion ausgegeben werden» (Schleiermacher). Prinzipiell gilt, wie Herder im Blick auf die «Lehrmeinungen» über das ewige Leben formuliert: «Sie sind nicht Religion und können es nie werden.» Ihrem Wesen nach stellen die traditionellen Glaubenssätze nichts anderes als Ergebnisse der Reflexion über das fromme Gefühl dar. In Schleiermachers Notizbuch findet sich die Bemerkung: «Dogmen – selbst das ursprüngliche [Dogma] – entstehn nur bei Entbindungen des religiösen Sinnes, und es bleibt gewöhnlich nachher nur das *caput mortuum* [der Totenschädel] desselben zurück.» Dogmen sind Rationalisierungen religiöser Erfahrung und als solche der Auslegung und der Rückführung auf das religiöse Grunderlebnis bedürftig. Es wäre verfehlt, ihnen besondere Würde zuzuerkennen. Aufgrund der Priorität der Beziehung zwischen Gott und Mensch verlieren alle im Laufe der christlichen Geschichte formulierten Glaubenssätze an Bedeutung; sie gelten als zweitrangig und im Grunde unwichtig. Als Zeugnisse christlichen Denkens sind sie dem Wandel der Geschichte unterworfen, dem die Gottesbeziehung selbst enthoben bleibt. Nicht Dogmen vermitteln zwischen Gott und Mensch, sondern, nach Schleiermacher, eher die Person Jesu, die zum Glauben an Gott einlädt.

In der Zeit nach Schleiermacher wird die Idee vom sekundären Charakter aller Glaubenssätze durch weitere Überlegungen noch verstärkt. Der um 1900 lebenden Theologengeneration ist eine religionsgeschichtliche Hypothese geläufig, nach der Kult und Kultgemeinde die ursprünglichen und ältesten Bestandteile der Religion darstellen; demgegenüber hätten sich Lehren erst später und allmählich gebildet, um schließlich innerhalb des Christentums seit der Spätantike zur Aufstellung von Glaubenssätzen zu führen. So gilt es für Troeltsch als «eines der klarsten Ergebnisse aller Religionsgeschichte und Religionspsychologie, daß das Wesentliche in aller Religion nicht Dogma und Idee, sondern Kultus und Gemeinschaft ist». Ein weiteres Argument bringt der französische Lutheraner Eugène Ménégoz (1838–1921) bei: Wir werden gerettet durch den Glauben, unabhängig von bestimmten Lehrmeinungen und Glaubensanschauungen; die Heilskraft des Glaubens hängt nicht von der Richtigkeit theologischer Überzeugungen ab, sondern von Echtheit und Stärke der Hingabe des Herzens an Gott. Dieser Hingabe haben alle Glaubenslehren zu dienen, und es kommt einem schweren Mißverständnis gleich, die Zustimmung zu formulierten Lehren mit der gläubigen Hingabe an Gott zu verwechseln.

Läßt sich die in Sätzen formulierte, durch göttliche und kirchliche Autorität festgelegte Lehre auf diese Weise abwerten, so fällt es nicht mehr schwer, ganz auf sie zu verzichten. An die Stelle des dogmatischen Glaubens tritt das romantische, von Schleiermacher inspirierte «Gefühl schlechthinniger Abhängigkeit», das keiner besonderen Lehren mehr bedarf – auch keiner über das ewige Leben.

Der von den radikalen Theologen vollzogene Abschied von Himmel und Hölle versteht sich zwar als Abschied vom traditionellen Christentum, nicht jedoch als Abschied vom Christentum überhaupt. Auch die einem Programm der Neuinterpretation verpflichteten Denker haben nicht den Willen, das Christentum zu verlassen. Verlassen wird lediglich ein «satzhaftes» Glaubensverständnis, wie es sich in vielen herkömmlichen Darstellungen christlicher Dogmatik findet. Die neuzeitlichen christlichen Denker bekennen sich zu einer neuen, erstmals von der romantischen Theologie definierten Glaubensweise.

Abkürzungen der zitierten biblischen Bücher

Zitate und Schreibweise der biblischen Eigennamen orientieren sich an der Einheitsübersetzung.

Apg	Apostelgeschichte
Dan	Daniel
Gen	Genesis
Jes	Jesaja
2 Kön	2. Königsbuch
1 Kor	1. Korintherbrief
2 Kor	2. Korintherbrief
Lk	Lukasevangelium
2 Makk	2. Makkabäerbuch
Mt	Matthäusevangelium
Offb	Offenbarung des Johannes
Ps	Psalmen

Bildnachweis

S. 23: Museo Jatta, Ruvo, Italien; Inventar-Nr. J 1094. Foto: Deutsches Archäologisches Institut, Rom. – S. 47: Hartmann Schedel, *Buch der Chroniken und gedächtniswürdigen Geschichten*, Nürnberg 1493, folio V, verso. – S. 67: Manuskript Pluteo 25,3, folio 387 verso; Biblioteca Laurenziana, Florenz. – S. 81: Wilhelm Busch, *Der heilige Antonius von Padua*, Frankfurt 1871.

Literatur in Auswahl

Lang, B., und C. McDannell, *Der Himmel. Eine Kulturgeschichte des ewigen Lebens*, Frankfurt 1990; Lang, B., Artikel «Himmel» und «Hölle» in P. Eicher (Hg.), *Handbuch theologischer Grundbegriffe*, München 2003; McGrath, A. E., *A Brief History of Heaven*, Oxford 2003; Minois, G., *Die Hölle*, München 1996; Vorgrimler, H., *Geschichte der Hölle*, München 1993.

I.1. Der antike Mensch und das Jenseits
Alford, G., «Elysion: A Foreign Eschatological Concept in Homer's Odyssey», *Journal of Indo-European Studies* 19, 1991, 151–161; Assmann, J., *Tod und Jenseits im alten Ägypten*, München 2001; Berlejung, A., «Tod und Leben nach den Vorstellungen der Israeliten», in: B. Janowski u.a. (Hg.), *Das biblische Weltbild und seine altorientalischen Kontexte*, Tübingen 2001, 465–502; Bernstein, A. E., *The Formation of Hell*, Ithaca 1993; Bremmer, J. N., *The Rise and Fall of the Afterlife*, London 2002; Brunner-Traut, E., *Gelebte Mythen: Beiträge zum altägyptischen Mythos*, Darmstadt 1981; Diels, H., *Die Fragmente der Vorsokratiker*, Reinbek 1957; Diogenes Laertios, *Leben und Lehre der Philosophen*. Übersetzt von F. Jürß, Stuttgart 1998; Hornung, E., *Altägyptische Höllenvorstellungen*, Berlin 1968 (Abhandlungen der sächsischen Akademie der Wissenschaften zu Leipzig, philologisch-historische Klasse 59/3); –, *Das Totenbuch der Ägypter*, Zürich 1979; Lincoln, B., *Death, War, and Sacrifice*, Chicago 1991; Lukian, *Die Lügenfreunde oder: Der Ungläubige*, übersetzt von M. Ebner u.a., Darmstadt 2001; Sourvinou-Inwood, C., *«Reading» Greek Death*, Oxford 1995; Uhlig, S., «Das äthiopische Henochbuch», in: W. G. Kümmel (Hg.), *Jüdische Schriften aus hellenistisch-jüdischer Zeit*, Bd. 5, Gütersloh 1984, 461–780; Zander, H., *Geschichte der Seelenwanderung in Europa*, Darmstadt 1999.

I.2. Das Neue Testament
Boismard, M.-E., *Faut-il encore parler de «résurrection»?* Paris 1995.

II.1. Heiden und Christen über das Schicksal der Seele
Braun, R., «La notion de bonheur dans le latin des chrétiens», in: F.L. Cross (Hg.), *Studia Patristica*, Bd. 10, Berlin 1970, 177–182; Bremmer, J.N., «The Passion of Perpetua and the Development of Early Christian Afterlife», *Nederlands theologisch tijdschrift* 54, 2000, 97–111; Harnack, A. von, *Dogmengeschichte*, Tübingen ⁵1914; Lindemann, A. u.a. (Hg.), *Die*

apostolischen Väter, Tübingen 1992 (1 Klemensbrief, Martyrium des Polykarp); Nilsson, M., *Geschichte der griechischen Religion*, München ²1961, Bd. 2, 543–558; Rauschen, G., «Die Akten der HH. Perpetua und Felizitas», in: *Frühchristliche Apologeten und Märtyrer*, Bd. 2, München 1913, 328–344; Schneemelcher, W. (Hg.), *Neutestamentliche Apokryphen*, Bd. 2, Tübingen ⁶1997, 562.578 (Offenbarung des Petrus); Turner, C. H., «Makarios as a Technical Term», *Journal of Theological Studies* 23, 1921/22, 31–35.

II.2. Die Theologie der Hölle

Augustinus, *Vom Gottesstaat*, übersetzt von W. Thimme, 2 Bde., München 1977/78 (Buch 21); Bartmann, B., *Lehrbuch der Dogmatik*, Freiburg ⁴1921, Bd. 2; Jezler, P., *Himmel – Hölle – Fegefeuer. Das Jenseits im Mittelalter*, Zürich 1994; Lang, B., *Heiliges Spiel. Eine Geschichte des christlichen Gottesdienstes*, München 1998, 269–280; Le Goff, J., *Die Geburt des Fegefeuers*, Stuttgart 1984.

II.3. Gott im Mittelpunkt

Kessler, H. L. u.a. (Hg.), *The Holy Face*, Baltimore 1998; Lang, B., «Ewiges Glück im Jenseits: Perspektiven des Mittelalters und der Renaissance», in: F. Möbius (Hg.), *Der Himmel über der Erde. Kosmossymbolik in mittelalterlicher Kunst*, Leipzig 1995, 15–31; Stoevesandt, H., *Die letzten Dinge in der Theologie Bonaventuras*, Zürich 1969.

II.4. Der menschliche Himmel

Lang, B., «Ewiges Glück im Jenseits» (s. oben, Abschnitt II.3); –, «On Heaven and Hell: A Historical Introduction to Swedenborg's Most Popular Book», in: E. Swedenborg, *Heaven and Its Wonders and Hell*. Übersetzt von G. F. Dole, West Chester, Penn. 2000, 9–78; Swedenborg, E., *Himmel und Hölle*. Übersetzt von F. Horn, Zürich 1977; Valla, L., *On Pleasure – De Voluptate*. Übersetzt von A. K. Hieatt und M. Lorch, New York 1977.

III.1. Das Jenseits in neuzeitlicher Wissenschaft

Berdjajew, N., *Selbsterkenntnis*, Darmstadt 1953; Büchner, L., *Das künftige Leben und die moderne Wissenschaft*, Leipzig 1889; Catt, H. de, *Unterhaltungen mit Friedrich dem Großen*, Stuttgart 1884; Feuerbach, L., *Sämtliche Werke*, hg. von W. Bolin u. a., Stuttgart 1960, Bd. 1; Flasch, K., *Aufklärung im Mittelalter? Die Verurteilung von 1277*, Mainz 1989; Groethuysen, B., *Die Entstehung der bürgerlichen Welt- und Lebensanschauung in Frankreich*, Halle 1927, Bd. 1; Hartshorne, Ch., *A Natural Theology for Our Time*, La Salle, Ill. 1967; Holbach, P.-H. Th. von, *Religionskritische Schriften*, Berlin 1970; Kaufmann, R., *Die Hölle*, Düsseldorf 1994; Klünker, W.-U. – B. Sandkühler, *Menschliche Seele und kosmischer Geist: Siger von Brabant in der Auseinandersetzung mit Thomas von Aquin*, Stuttgart 1988; McIntyre, A., *Geschichte der Ethik im Überblick*, Weinheim ³1995; Picht,

G., *Kants Religionsphilosophie*, Stuttgart 1985; Randles, W. G. L., *The Unmaking of the Medieval Christian Cosmos, 1500–1760*, Alsershot 1999; Stein, L., *Leibniz und Spinoza*, Berlin 1890 (Tschirnhaus).

III.2. Religiöser Abschied vom Jenseits
Brunner, E., *Die Mystik und das Wort*, Tübingen 1924; Rade, M., *Die Wahrheit der christlichen Religion*, Tübingen 1900; Schleiermacher, F., *Der christliche Glaube*, hg. von M. Redeker, Berlin 1960; Sölle, D., *Gegenwind*, München 1999; Tolstoi, L. N., *Mein Glaube*, München 1990.

III.3. Zwischenspiel: Religiöser Abschied vom Wissen
R. Bornkamm – Bultmann, R. u. a., *Die christliche Hoffnung und das Problem der Entmythologisierung. Rundfunkvortrag mit Diskussion*, Stuttgart 1954; Haering, Th., *Der christliche Glaube*, Calw 1906; Herrmann, W., *Dogmatik*, Gotha 1925; –, *Ethik*, Tübingen ⁵1913; –, *Schriften zur Grundlegung der Theologie*, hg. von P. Fischer-Appelt, München 1966, bes. Bd. 1, 264–281: «Religion und Sittlichkeit» (1905); Hirsch, E., *Christliche Rechenschaft*, Bd. 1, Berlin 1978; Kaftan, J., *Dogmatik*, Tübingen ⁷1920; Troeltsch, E., *Glaubenslehre*, München 1925; –, *Die wissenschaftliche Lage und ihre Anforderungen an die Theologie*, Tübingen 1900; Wendt, H. H., *System der christlichen Lehre*, Göttingen ²1920.

III.4. Die Rettung des Himmels
Barth, K., *Das Glaubensbekenntnis der Kirche*, Zürich 1967; –, *Kirchliche Dogmatik*, Bd. II/2 und Bd. III/2, Zollikon ⁴1959 und ²1959; Beißner, F., *Hoffnung und Vollendung*, Gütersloh 1993; Bergengruen, W., *Figur und Schatten. Gedichte*, München 1958; Ebner, F., *Schriften*, München 1963, Bd. 1; Koch, T., «Auferstehung der Toten», *Zeitschrift für Theologie und Kirche* 89, 1992, 462–483 (Karl Barth); Rahner, K., «Hinüberwandern zur Hoffnung: Grundsätzliches zur Hölle», *Entschluß* 39, 1984, Heft 2, 7–11; –, *Was heißt Auferstehung?* Freiburg 1985; Weil, S., *Cahiers*. Übersetzt von E. Edl u. a., Bd. 3, München 1996.

III.5. Epilog: Zwei Glaubensweisen
Bartmann, B., *Lehrbuch der Dogmatik*, Freiburg ⁴1921, Bd. 2; Herder, J. G., *Theologische Schriften*, hg. von Ch. Bultmann u. a., Frankfurt 1994, 725–857: «Von Religion, Lehrmeinungen und Gebräuchen»; Ott, H., *Die Antwort des Glaubens*, Stuttgart ³1981; Ott, L., *Grundriß der katholischen Dogmatik*, Freiburg 1952; Schleiermacher, F., *Schriften aus der Berliner Zeit, 1796–1799*, hg. von G. Mackenstock, Berlin 1984; Troeltsch, E., *Die Bedeutung der Geschichtlichkeit Jesu für den Glauben*, Tübingen 1911.

Personen- und Sachregister

Ägypten 9, 10–11, 15, 24–25
Allversöhnung (Apokatastasis) 56, 116–118
Antlitz Christi (sancta facies) 66–67, 115
Apophis 25
Apokatastasis → Allversöhnung
Apotheose 14–16, 27, 32, 34, 36
Aristoteles 46, 64, 92
Astronomie 87
Auferstehung 20–22, 26–28, 30–31, 32, 36
– Jesu 26, 33
Aufklärung, Zeitalter der 75, 79, 88–89
Augustinus 46, 48, 56–58, 84
Averroës 59, 92

Balthasar, H. U. von 117
Barth, K. 109, 113–114, 117
Bartmann, B. 59, 119
Baxter, R. 71, 80
Berdjajew, N. 85
Bergengruen, W. 117, 118
Berger, P. 86
Bernanos, G. 117
Biedermann, A. 105
Bonaventura 64–65
Bremmer, J. N. 51
Browne, Th. 83
Brunner, E. 105
Buch des Lebens/Schicksals 39–40, 95, 98
Büchner, L. 97–98
Bultmann, R. 111–112
Bunyan, J. 80
Busch, W. 81

Calvin, J. 68–69, 102, 117
Catt, H. de 95
Cicero 49, 90
Comte, A. 100–101
Cyprian 50–51

Danielbuch 16
Dante 59–60, 62, 65–68, 115
Descartes, R. 87

Ebner, F. 117, 118
Ehe im Jenseits 36, 78
Elija 14
Elysium 13, 15
Empyreum 62
Engel 33, 53, 54, 62, 71
– sind ehemalige Menschen 78–79

Fechner, G. 94
Fegfeuer 58–61, 77
Feuer der Hölle 25, 40, 41, 42
Feuerbach, L. 96, 113
Firmament 13, 46, 56, 87
Friedrich d. Gr. 95–96

Galilei, Galileo 87
Gehenna 39, 42
Gellert, C. F. 114
Gesang 70–71
Gilgamesch 14
Goethe, J. W. 80–81
Gott, Nähe zu 52, 61–71, 113–115
Gottesferne 116
Groethuysen, B. 84

Hades 9–13, 26, 28, 35, 39, 59
– Gott 23
Haeckel, E. 97–99, 110

Haering, Th. 109–110
Harnack, A. von 44
Hartshorne, Ch. 94–95
Henoch 14
Henochbuch 20–22
Herder, J. G. 119, 120
Herrmann, W. 110–111, 112
Hesiod 10, 49
Hexe von Endor 12
Himmel 43, 46–48
– anthropozentrischer 71–82
– theozentrischer 61–71, 113–115
– Rettung des 113–115
– im Weltbild → Firmament
Hirsch, E. 112
Hobbes, Th. 116
Holbach, D. von 84–85
Hölle → Tartaros
– im frühen Christentum 39–42, 54–56
– in christlicher Theologie 56–61
– Kritik an der 83–86
– als Ort der Lust 86
– Psychologie und 85–86
– neuzeitliche Theologie und 115–118
Homer 12–13, 24, 106–107
– im Jenseits 49, 59

Ignatius von Loyola 61

Jesus 33–37, 38 → Antlitz Christi
Jung, C. G. 86

Kaftan, Julius 108, 109
Kant, I. 83, 87–91
– in der Theologie 107–109, 110
Kaufmann, Rolf 86
Kepler, J. 87
Kerberos 10
Kierkegaard, S. 71
Kircher, A. 80

La Mettrie, J. O. de 95
Lange, J. P. 112

Lavater, J. C. 76
Lazarus 40
Leibniz, G. W. 84
Limbus 58–59
Lobpreis 70–71 → Musik
Lukasevangelium 33–37, 38, 84
Lukian 12
Lukrez 100
Luther, M. 69

MacIntyre, A. 91
Makkabäerbuch, zweites 20–21
Manichäismus 46
Märtyrer 20, 22, 30–31, 32, 50–51
Materialismus 95–100, 110
Materialismusstreit 96
Mathesius, J. 69–70
Matthäusevangelium 42
Ménégoz, E. 121
Mesopotamien 11
Monismus 97
Musik, himmlische 70

Nemesius von Emesa 18
Neues Testament 25–42
Nicolai, Ph. 70
Nietzsche, F. 99–100
Nilsson, M. 55

Odysseus 12
Offenbarung, Buch der 29–33, 39–42, 66, 70
Origenes 45, 53, 56–57, 60
Osiris 10–11
Ott, L. 119

Papini, G. 117
Paulsen, F. 94
Paulus 26–29, 116
Perpetua 50
Petrusapokalypse 54
Philon von Alexandrien 52–53
Picht, G. 91
Platon
– über Himmel 52

- über Reinkarnation 17, 18, 52
- über Tote als Selige 48
- über Unterwelt 23, 24, 52

Plotin 17, 53
Psalmen 15–16
Ptolemäus 46
Puritaner 71, 80
Pythagoras 17–19

Quintin d'Hainaut 101–102

Rade, M. 105
Rahner, K. 113, 114–115, 117–118
Reformation 68 (s. auch Calvin; Luther)
Reinkarnation 17–19, 45 (s. auch Platon)
Religion, modernes Verständnis von 118–121
Renaissance 68, 69, 71–72, 74
Rhadamanthys 22–23
Ritschl, Albrecht 107, 108–109, 112
Rousseau, J.-J. 84

Satan 41, 42, 100
Scheol 11, 20–21
Schleiermacher, F. 103–104, 119–121
Scholastik 62–65
Scipios Traum 48, 49–50
Seele
- Begriff mit Reinkarnation verbunden 16–19, 45–46
- im Christentum 26, 28–29, 35, 43–46, 94
- bei Quintinus 102
- bei Spinoza 94
Selige 44, 48–49
Sisyphus 24
Sölle, D. 106–107
Spinoza, B. de 91–95

- rezipiert von Schleiermacher 102–104
Swedenborg, E. 75–79, 80, 82
- von Kant kritisiert 88
Symbol 109

Tantalus 24
Tartaros 22–25
Tertullian 45–46, 57–58
Teufel → Satan
Thomas von Aquin 62–64, 73–74, 75
Tier, apokalyptisches 41
Tiere
- im Himmel 81–82
- Unsterblichkeit der 100
- Reinkarnation in 17, 18
Tisiphone 24
Tod, zweiter 31, 39, 40–41
Tolstoi, L. 105–106
Totenbuch, ägyptisches 10–11
Traum des Scipio 49–50
Troeltsch, E. 108, 110, 112, 121

Unsterblichkeit 32, 43, 45–46, 88–89, 91, 110–111
- Leugnung der 101–107
- als Postulat 87, 89–90, 108
Utnapischtim 14

Vaihinger, H. 91
Valla, Lorenzo 72–75
Vergil 23, 24, 55, 59

Weil, S. 115, 116
Weltbild
- antikes/mittelalterliches 46–48, 87, 111
- modernes 87–88, 111
Wiedersehen von Freunden 44, 49–51, 70, 75, 109, 114

Zarathustra 22